北京市高等职业教育质量年度报告

（2020年）

北京市高等职业教育质量年度报告编委会◎编著

中国人民大学出版社
·北京·

北京市高等职业教育质量年度报告编委会

前　言

2020 年，面对突如其来的新冠疫情，北京高职教育严格落实疫情防控各项要求和部署，深入贯彻《国家职业教育改革实施方案》和《职业教育提质培优行动计划（2020—2023 年）》等政策文件精神，坚持疫情防控和职教改革发展两手抓，推进中央深化职业教育改革重大制度设计的有序落地。陈吉宁市长专门召开高职院校的校长座谈会和市政府专题会议，研究深化职业教育改革工作，审议通过北京市《深化职业教育改革若干意见》。为引导高等职业教育质量提升和健康有序发展，北京市教育委员会持续推进北京市高等职业教育质量年度报告研制工作，有效监测高等职业教育发展质量，引导高职院校坚持立德树人、提升高职人才培养质量。

《北京市高等职业教育质量年度报告（2020 年）》的编制，突出了可量化、可比性和可读性的特征，从基本概况、学生发展、教育教学、政策保障、国际合作、服务贡献、问题与对策等七个方面，对 2020 年北京市高等职业教育的质量状况和特色亮点进行系统的描述与分析。具体体现在：一是强化责任担当，坚守职成教育战线防疫阵地，助力打赢全面脱贫攻坚战役，稳步推动高职教育国际化水平。二是坚持内涵发展，全面打造德技双馨师资团队，注重发挥特高建设引领作用，着力构建五育并举育人格局。三是深化产教融合，全面推进“1+X”证书试点，精准服务社会发展需求，积极贡献校企合作北京方案。

北京市高等职业教育质量年度报告得到北京市财政专项支持，在北京市教育委员会职业教育与成人教育处的领导下，由北京教育科学研究院高等教育科学研究所具体负责组织实施与研制。为保证报告质量，项目组建立了政府部门主导、科研机构主持、高职院校参与的“三位一体”实施运行机制，有效发挥了政府的资源整合和政策导向作用，提升了报告研制的科学性、专业化，实现了质量监测的长期跟踪、系统分析和深度研究。

本报告的编写工作得到了北京市各高等职业院校及相关企业的大力支持，各院校报告和企业报告为本报告研制提供了重要支撑，在此表示衷心感谢！本报告力求全面反映北京高等职业教育改革与发展的成效与问题，由于时间紧促和数据资料的局限，难免挂一漏万，不足之处敬请广大读者批评指正。

北京市高等职业教育质量年度报告编委会

2021 年 4 月

目　录

图表目录

案例目录

2020 年北京高等职业教育发展亮点

2020 年，面对突如其来的新冠疫情，北京高职教育严格落实疫情防控各项要求和部署，深入贯彻《国家职业教育改革实施方案》《职业教育提质培优行动计划（2020—2023 年）》和《北京职业教育改革发展行动计划（2018—2020 年）》等政策文件精神，坚持疫情防控和职教改革发展两手抓，取得高质量发展新成就。

（一）强化责任担当，坚守职成教育战线防疫阵地

生命重于泰山，疫情就是命令，防控就是责任。北京高职战线把广大师生生命安全和身体健康放在第一位，坚决贯彻落实习近平总书记重要讲话精神和中共中央政治局常务委员会会议精神，把疫情防控作为重大政治任务，坚决打赢疫情防控阻击战。疫情防控期间，北京高职战线落实、落细、落严两委的部署，坚决做到守土有责、守土尽责。北京市教育委员会及时制定和发布了疫情防控工作方案，各院校严格执行“零报告”“日报告”和舆情报告制度，精准排查和掌握师生的身体状况和行踪动态。充分利用“两微一端”等多种形式，广泛宣传疫情防控指示精神，抗疫与暖心并举，关注师生身心健康。同时，为满足疫情期间的

教学需要，积极推进信息技术在课程教学和教学管理中的应用，组织优秀骨干教师、企业专家共同开发优质在线课程，加强数字化课程资源建设，通过数字化课程教学资源共享平台、虚拟仿真实训系统、数字化实训基地等建设，师生并肩战“疫”，实现“停课不停教、停课不停学、学习不延期”。通过健全联防联控机制，北京高职凝聚起众志成城的疫情防控强大合力，有力保障了疫情防控、线上教学、返校复课、考试组织、实习就业等工作的顺利进行。

（二）坚持立德树人，着力构建五育并举育人格局

北京高职院校全面落实“立德树人”根本任务，以培养德技并修、复合型、德智体美劳全面发展的技术技能人才为核心，强化为党育人、为国育才的使命担当，持续深化“三全育人”综合改革，积极探索具有北京职业院校特色的思想政治和德育工作长效机制，形成了“一校一品”、文明风采竞赛、班主任基本功大赛、职业素养护照、“未来工匠”等德育建设品牌和成果。同时，坚持战疫与育人并行，将思政教育融入疫情防控志愿者服务等活动中，取得了良好的效果。2020年，北京高职院校在启动新一轮人才培养方案编制过程中，着力补齐“五育并举”短板，通过开齐开足体育课，开设公共艺术和艺术实践课程，设立劳动教育必修课程，要求劳动精神、劳模精神、工匠精神专题教育不少于16学时等方式，将促进学生全面发展落到实处。

（三）深化内涵建设，注重发挥特高建设引领作用

北京市全面推进“双高”“特高”建设任务落实。2020年，北京电

子科技职业学院、北京工业职业技术学院等7所入围“中国特色高水平高职学校和骨干专业建设计划”院校，按照教育部要求完善国家“双高”项目任务书并启动建设。北京“特高”项目完成了第二批51个特色高水平骨干专业（群）、51个特色高水平实训基地项目（工程师学院、技术技能大师工作室）的评议立项，首批骨干特色专业、工程师学院和大师工作室建设稳步推进。“双高”“特高”建设，对各院校内涵发展发挥了有力助推作用，在优化人才培养方案、三教改革、产教融合、搭建技术技能创新平台、提升“双师型”教师能力以及国际化人才培养等方面形成了一批可复制、可借鉴、可推广的经验。在特色高水平、特色骨干专业（群）建设这个“牛鼻子”推动下，高职教育专业（群）转型升级改革正逐项破局。特色高水平实训基地（工程师学院和技术技能大师工作室）建设项目为学校和企业的组织形态变革提供创新改革平台，集中建立和打造了一批集人才培育、资源共享、技术创新、社会服务四位一体的“产教共同体”。

（四）优化专业布局，精准服务经济社会发展需求

北京市按照“五个一批”的标准，持续推进专业结构调整，精准服务北京高精尖产业结构、高品质民生需求和城市运行与管理三方面需求。2020年，北京高职撤销了煤矿开采技术、焊接技术与自动化等7个不适合首都发展定位、产业契合度低、社会认可度不高的专业，同时，新增人工智能技术服务、飞机机电设备维修等47个专业点。其中，40%的新增专业聚焦服务高精尖产业，36%聚焦服务高品质民生，10%聚焦服务城市运行管理。经过多年的持续调整，目前北京高职约60%的专业点支撑北京市支柱产业发展，约30%的专业点支撑高精尖产业

紧缺人才需求，约 30%的专业点服务北京市教育、医疗、养老、文化、体育等民生改善需求，另有交通运输专业大类 40 个专业点支持北京市基础设施建设，北京高职专业人才培养结构与北京市产业需求结构比例契合度不断提升，有力保障了首都经济社会发展所需的高端技术技能人才供给。

（五）强化双师建设，全面打造德技双馨师资团队

北京市全面贯彻《中共北京市委北京市人民政府关于全面深化新时代教师队伍建设改革的实施意见》，深化新时代职业院校教师队伍建设改革，把师德师风作为评价教师素养的第一标准，全面加强师德师风建设。明确“双师型”教师认定办法，推进教师企业实践基地和校企合作的“双师型”培养培训基地建设。2020 年，北京市从产教融合型企业中，遴选建立 20 个企业实践基地和 15 个“双师型”培养培训基地，并启动培训计划，建设校企人员双向交流协作共同体，多措并举打造“工匠之师”。2020 年教师教学能力比赛，北京市坚持“以赛促教、以赛促学、以赛促研、以赛促改、以赛促建”的总体思路和校市国家三级教学能力竞赛机制，强化教师教学设计、教学组织、教学方法、信息化教学手段等教学基础能力的培养，注重开展信息化教学培训，促进教师综合素质、专业化水平和创新能力全面提升，组织开展市级职业院校技能大赛教学能力比赛，从 191 项市赛获奖课程中选派 20 项组成北京代表队参加国赛，在国赛中北京市共有 18 项获奖（一等奖 6 项、二等奖 5 项、三等奖 7 项，其中高职院校获得一等奖 5 个、二等奖 1 个、三等奖 3 个），一等奖获奖数量和获奖率居全国前三，彰显了北京市职教师资的综合素养水平。

（六）深化产教融合，积极贡献校企合作北京方案

2020 年，北京市启动了第二批 51 个（其中高职院校 29 个）工程师学院和大师工作室建设。北京高职院校以此为契机，精准对接首都“四个中心”和高精尖产业发展需求，紧跟新业态、新职业、新岗位，与区域内龙头企业、领军企业等联合探索多元化办学体制，逐步培育一批契合北京产业发展需求、企业主体作用发挥突出、人才培养模式创新的产教融合品牌，形成了“北京产业学院模式”。北京高职院校现代学徒制试点进入全面推广的新阶段，各高职院校在健全“德技并修、工学结合”的双主体育人机制、招生招工一体化、校企互聘师资队伍、多方参与的质量评价机制建设等方面进行深入实践和探索，在推进教师、教材、教法改革以及“校企双主体”育人岗位人才培养模式改革与招生即招工、工学交替双课堂、学校企业双导师等制度和机制建设上，形成了一批可复制、可推广的成功经验和典型案例，形成了中国特色学徒制“北京实践模式”。全面增强职业教育集团化办学的活力和服务能力，以建设培育示范性职业教育集团（联盟）为新起点，持续发挥京津冀职教集团（联盟）资源优势及统筹协调作用，创新集团化运行办学模式，深入开展专业联盟建设，对接产业布局调整，推进实习实训条件共享共用融合发展，以提高技术技能人才培养质量为核心，推动集团化办学向纵深发展。

（七）促进书证融通，全面推进“1＋X”证书试点

北京市教育委员会进一步落实《教育部办公厅等三部门关于推进

1+X证书制度试点工作的指导意见》要求，有序推进北京市“1+X”证书制度试点工作，并逐渐在高职院校落地见效。试点院校将“1+X”证书制度试点与专业建设、课程建设、教师队伍建设等紧密结合，以课证融通为抓手，重构人才培养“新”方案，创新实践多种形式的“书证衔接”路径，提升职业教育质量和学生就业能力。同时，积极探索试点学分银行建设和学习成果转换，建立北京市学分银行服务体系，拓宽技术技能人才持续成长通道。截至 2020 年底，北京市参与“1+X”证书试点的高职院校已有 22 所，试点专业 141 个、试点证书 155 个、试点专业学生达 55 150 人。2020 年，北京市有 32 个证书完成了考生考核工作，考生人数共计 5 343 人次，考试通过人数 3 312 人次，总通过率为 62.0%。与此同时，首批学分银行联盟成员单位已有 12 家“1+X”试点院校入选，为稳步开展学习成果认定、积累和转换奠定基础。

（八）打造开放品牌，稳步推动职教高水平国际化

北京市高职立足服务北京“国际交往中心”的城市功能定位，坚持国际化发展方向，围绕“扩大开放、提质增效”的创新思路，积极打造若干具有中国特色、世界水平的首都职业教育对外开放品牌，在服务“一带一路”国家战略、境外办学、国际交流活动、国际化人才培养等方面，形成了职业教育国际化的北京特色。2020 年，北京高职持续推进德国胡格（HUG）人才培养模式本土化，开展英国创新创业教育（NCEE）、澳大利亚 TAFE 等合作项目，引进德国工商会（IHK）等一批国际知名的职业资格证书，通过借鉴国际先进的办学模式和考核标准，探索开发与国际先进标准相对接、体现北京特色和水平的北京职业教育课程体系，培养具有国际视野、通晓国际规则的技术技能人才。北

京高职还坚持“引进来”和“走出去”相结合，深入推进埃中应用技术学院、北京农业职业学院泰国分院、中国-赞比亚职业技术学院等海外合作办学项目，积极服务“一带一路”国家战略，助推中国标准走向世界。2020 年，北京市 5 所高职院校开发并获得国（境外）采用的专业教学标准 10 个、课程标准 171 个。

（九）创新服务方式，助力打赢全面脱贫攻坚战役

2020 年是脱贫攻坚战收官之年。北京统筹职业院校办学资源，创新服务形式，以师资培训、干部交流、共建课程、技术支持等形式，为对口支援省份与职业院校实施精准扶贫项目，开展职业教育区域合作。2020 年，北京市推进职业教育扶贫协作，重点面向河北、内蒙古、青海、云南、宁夏、新疆等 10 余个地区完成 114 个帮扶项目，年内职业院校派遣干部教师赴扶贫协作地区 128 人次，接待学生来京访学 825 人次，在扶贫支援地开展扶贫培训 2 918 人次，招收扶贫协作地学生 256 人，完成职业教育干部教师来京挂职、跟岗和培训 506 人。同时，北京市还积极探索职业教育在巩固拓展脱贫攻坚成果及乡村振兴中的新作用、新方法，通过乡村振兴学院、高职扩招、开设春蕾班、红烛行动等帮扶困难群体，助力脱贫攻坚和乡村振兴。2020 年，北京高职共完成 1 104 名村干部和新型职业农民自主招生考试工作，录取高素质农民学历班 205 人、“村务管理”高职学历班 583 人。

一、基本概况[①]

① 除特殊说明外，本文所有数据均来源《高等职业院校人才培养工作状态数据采集与管理平台》。本年度报告统计数据包括北京市25所独立设置高职院校和首钢工学院（本科院校只招高职生）数据。

（一）办学规模

2020年，北京独立设置高等职业院校25所，其中北京市教育委员会所属高等职业院校4所、其他委办局或总公司所属高等职业院校10所、区县政府所属高等职业院校2所、民办独立设置高等职业院校9所。此外，还有12所普通本科院校和3个其他机构①举办高等职业教育。

北京现有国家和北京市两级示范性高职院校12所，其中国家重点建设示范性高职院校4所、国家重点建设骨干高职院校2所，两级示范校占北京高职院校的48%；北京市有7所高职院校入选“中国特色高水平高职学校和专业建设计划”（国家级“双高校”），8所高职院校入选北京市特色高水平职业院校建设计划（北京市“特高院校”），分别占北京高职院校总数的28%和32%。

2020年，北京高等职业教育（含本科院校举办高职教育）在校生总数达到7.28万人，招生数2.57万人，毕（结）业生数2.58人。② 其中，北京市25所独立设置高职院校和首钢工学院全日制普通高职学历教育在校生总数6.07万人，其中高中起点在校生3.65万人、中职起点在校生数2.22万人（包括五年制后两年转段学生0.5万人）；25所独立设置高职院校和首钢工学院全日制高职招生数2.51万人，其中基于

---

① 3个其他机构有北京科技大学延庆分校、首都经济贸易大学密云分校、北京工业大学通州分校（其为高等学校附设分校，在普通高校中不计校数）。

② 数据来源：《北京市教育事业统计资料》（2020—2021年），北京市教育委员会规划处编（北京市教育委员会规划处提供）。

高考招生数1.12万人中，高考直接招生人数0.83万人、“知识+技能”招生人数0.29万人；在其他招生方式招生的1.39万人中，对口招生人数0.06万人、单独考试招生人数0.56万人、综合评价招生人数0.08万人、中高职贯通招生人数0.60万人、技能拔尖人才免试招生人数0.03万人、补充方式招生人数0.07万人。2020年北京高职大类专业在校生分布情况见图1-1。高职应届毕业生[①]总人数2.14万人，就业人数1.93万人，就业率90.23%。

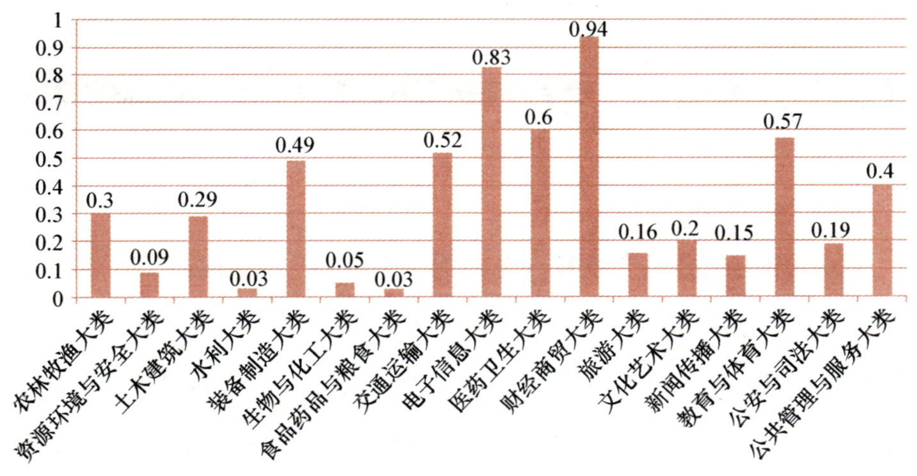

图1-1　2020年北京高职大类专业在校生分布情况

2020年，北京高等职业教育专业设置覆盖19个专业大类，其中高职院校专业设置覆盖17个专业大类。高职院校专业设置三、二、一产业专业数分别为410个、283个、68个。北京高职院校专业大类学生分布及专业设置与北京三、二、一产业结构相适应。

北京市依托国家、北京两级特色高水平专业（专业群）建设项目，加强专业建设和发展。北京共有7所院校的10个高职专业（群）入选

① 数据来源：北京高等职业院校质量报告（2020）各院校报送数据（http://edu.zwdn.com/）。

中国特色高水平专业建设计划、15所院校的22个专业（群）入选北京市第一批特色高水平骨干专业（群）建设；10所院校的16个专业（群）入选北京市第二批特色高水平骨干专业（群）建设。截至2020年底，北京市两批特色高水平建设骨干专业（群）38个，专业（群）建设与北京高精尖产业结构、城市运行与发展、高品质民生需求高度契合。

（二）办学资源

2020年，北京高职院校（含首钢工学院）① 占地面积726.36万平方米、校舍总建筑面积408.83万平方米，教学行政用房面积189.12万平方米；固定资产总值128.53亿元，其中教学、科研仪器设备资产总值39.45亿元；有纸质图书1 111.59万册、电子图书1 137.81万册；实习实训基地总数1 330个，其中校内实践基地（工位数）69 218个、校外实训基地2 162个；职业技能鉴定站307个；计算机总数67 443台。

2020年，北京高职院校教职工总数0.88万人，专任教师总数0.43万人，其中，高级职称教师占专任教师比例为36.52%，双师型教师占专任教师比例为60.58%，研究生学历或硕士及以上学位教师占专任教师比例为64.25%。另外，兼职教师总数为0.17万人，省级及以上教学名师为135人。

2020年，北京高职院校办学条件12项核心指标（中位数）数据显

① 以下本报告所称“高职院校”均包括首钢工学院。

示（见图 1－2），除新增科研仪器设备所占比例之外，北京高职院校基本办学条件 11 项核心指标均达到合格指标要求并超过全国水平。其中生师比、具有研究生学位教师占专任教师的比例、生均教学科研仪器设备值、生均图书（册/生）、百名学生配教学用计算机数（台）等指标水平大幅领先。近三年相关数据显示，北京高职院校办学核心指标生均值中位数三年持续领先全国水平。

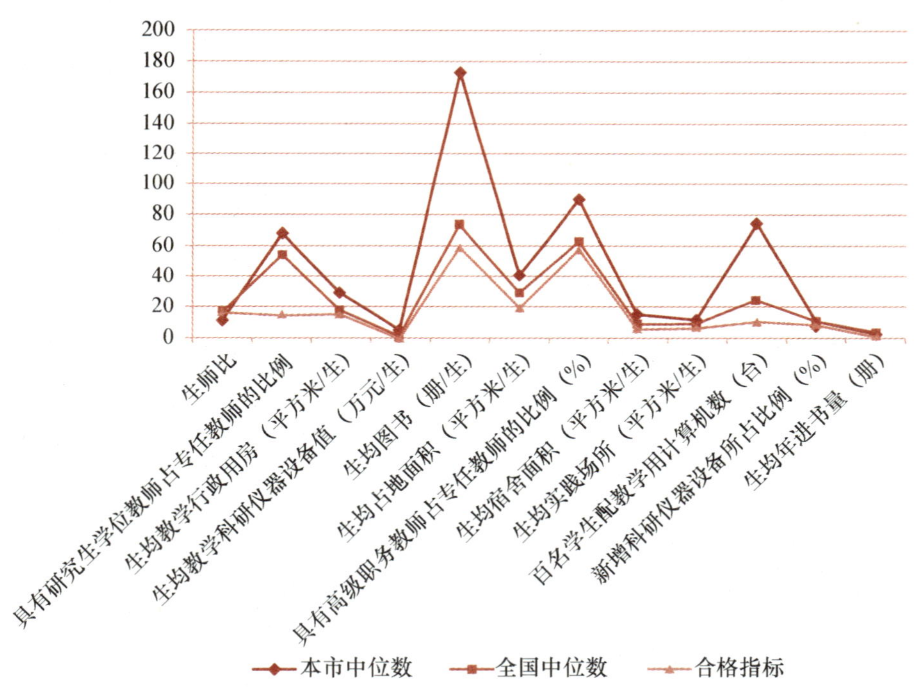

图 1－2 2020 年北京高职基本办学条件核心指标水平

二、学生发展

（一）立德树人

1. 结合战“疫”特殊事件，线上线下开展思政育人

2020 年，北京高职院校高度重视思想政治教育，结合战“疫”特殊事件，充分发挥课堂主渠道作用，积极推进思政课程和课程思政教学改革，重点开展“开学第一课”“学院领导集体讲思政课”“思政课程改革创新”“专业课程融入思政元素”等工作。积极组织线上线下开展思政育人，坚持“为党育人、为国育才”，教育引导学生坚定爱党爱国爱社会主义的忠诚情怀，在疫情防控过程中提高民族自豪感和社会责任感。提高学生法律意识和规则意识，认真执行国家、北京市各项疫情防控规定，树立知规守纪诚信精神，确保学生“不离家、不返京、不返校”，以实际行动助力抗疫工作取得全面胜利，取得良好效果。

案例 2-1 落实立德树人根本任务，校领导班子集体开讲思政课

根据中共中央办公厅、国务院办公厅印发《关于深化新时代学校思想政治理论课改革创新的若干意见》要求，北京高职院校贯彻落实立德树人根本任务，建立学校领导班子带头讲授思政课制度，学校领导班子集体开讲思政课。北京工业职业学院党委书记王伟、校长安江英、校党

委副书记魏晓东等学院领导分别走进课堂，为 2020 级新生讲授思政课第一课；北京财贸职业学院党委书记王红兵、校长杨宜等学院领导分别以“如何理解习近平新时代中国特色社会主义思想”等主题，在线上课堂为 2019 级学生讲授了一堂堂内容充实、精彩生动的思政课；北京农业职业学院党委书记李云伏，党委副书记、院长范双喜等学院领导以《致奋斗的青春》等为主题，以线上线下相结合的方式为学生开讲思政课，将思政育人落到实处。

案例 2－2 深化思政课程改革创新，助力思政教学喜结硕果

2019 年 10 月，北京经济管理职业学院成立马克思主义学院，不断深化思政课“双主体、双结合、双互动”教学模式研究，打造思政课改革创新“升级版”。2020 年，学院思政课改革创新的探索与实践喜结硕果，荣获教育部和北京市多个荣誉和奖项，探索与实践成果被《人民日报》《北京日报》《现代教育报》等多家媒体报道。入选教育部“全国职业院校课程思政研究中心”，荣获教育部全国高校思想政治理论课教学展示活动“一等奖”1 项，荣获全国高校思想政治理论课实践教学联盟 2020 年精准扶贫专项社会实践成果征集二等奖 1 项、三等奖 4 项，荣获全国高校思想政治理论课实践教学联盟 2020 年思政课爱国主义教育实践教学方案征集三等奖 1 项；荣获 2020 年全国职业院校“战疫课堂”课程思政典型案例一等奖 3 项、二等奖 3 项、二等奖 2 项、优秀奖 4 项。

2. 强化思想政治引领，厚植学生强烈爱国情怀

2020 年，北京高职院校紧紧以习近平新时代中国特色社会主义思想为指导，强化思想引领，以爱国主义教育为主线，结合疫情特殊事件，聚焦“让青春在党和人民最需要的地方绽放绚丽之花”，坚定学生“战疫必胜”的信心，开展了“我承诺、我报到、我接力”线上承诺、“众志成城、共克时艰”、“青年行动战‘疫’必胜”线上主题团日、“青年大学生网上主题团课”等多项活动，引导学生进一步增强“四个意识”、坚定“四个自信”、做到“两个维护”，铸牢中华民族共同体意识，为实现中华民族伟大复兴的中国梦凝聚强大力量。

案例 2－3 加强疫情期间思想教育工作，开展线上主题教育系列活动

北京培黎职业学院积极开展线上教育，加强疫情期间思想教育工作，稳定学生思想。团委和各系团学组织通过“培黎青年”微信公众号等连续发布疫情科普、学校防控措施等推文，积极开展“同舟共济 携手抗‘疫’——培黎青年在行动”“重温回信精神 厚植国际情怀 践行伟大使命”等线上主题教育活动。首钢工学院创新组织主题班会，各二级学院辅导员、班主任运用钉钉、腾讯、zoom 会议等线上平台以视频、语音直播等形式组织班级开展主题班会，全员参与，全覆盖育人。组织开展了“上好云端课，自主学技能”“担当时代责任，不负青春韶华”等主题班会，教育学生珍惜时间、严格自律，共同探讨网络学习方法，从疫情防控看中国制度优越性，增强学生对中国特色社会主义制度

的自信和民族自豪感。

3. 开展多彩校园文化活动，打造文化育人亮点

2020 年，北京高职院校结合疫情发展形势，丰富校园文化活动，营造校园文化氛围，构建特色校园文化体系，服务学生成长成才。组织开展了“校园文化节”“弘扬中华优秀传统文化”“关爱生命·防控疫情”书画创作等丰富多彩的校园文化活动，打造文化育人新亮点。

案例 2－4　采取线上线下结合方式，开展多项抗疫主题活动

2020 年，北京信息职业技术学院创新素质教育活动组织模式，运用线上线下相结合的方式，围绕第十届科技艺术节，先后组织开展了第二届北信演说家演讲比赛、第一届最美北信科技文创产品设计比赛等系列科技艺术活动，近 2 000 人次参与活动。与此同时，学校社团组织充分发挥作用，结合防疫抗疫创作了朗诵作品《战“疫”2020 年的这个冬天》等感人作品。北京京北职业技术学院通过“多彩京北”微信公众号等平台创新线上第三届文化节，以“多彩京北　绽放青春”为主题，活动历时 2 个月。设置“战胜疫情，我们同努力”家人互动活动、创意绘画大赛“疫情正当前，青春有力量”等 5 个活动环节，最后陆续揭晓评选结果，得到老师、学生家长的一致好评。

4. 组织开展实习实践活动，实践育人成效显著

2020年，北京市各高职院校组织开展了丰富多彩、形式多样的实习实践活动，主要开展了抗疫志愿服务、大学生暑期线上社会实践、企业实习和创新创业等内容。在北京市团市委开展的“青年服务国家”2020年首都大学生暑期社会实践活动中，北京经济管理职业学院“360环保卫士”暑期社会实践团队和北京社会管理职业学院“福祉青春养老人”志愿服务小分队荣获百强团队二等奖，北京财贸职业学院“丝路情 宁夏行”社会实践团和北京社会管理职业学院“青春同行”志愿服务实践团荣获百强团队三等奖。高职学生通过参加实习实践活动，提高了创新能力、实践能力和就业能力，实践育人成效显著。

案例 2-5 匠心打造“红课堂”，做综合实践研学精品

“红课堂”综合实践研学课程是北京劳动保障职业学院课程思政的匠心精品，于2016年启动，5年间共完成线上、线下研学2 480人次，跨越了陕西、江苏等9省36市，研学地点多达304个，研学总里程达25 000多公里。按照学科特色、思政教育等主题为学生构建了包括“一带一路、大国工匠、红色思政、人文科技、职业体验”等研学课程体系，研发研学路线24条，涉及语文、地理、历史等多个学科；编写研学课程手册24本，组织学生观看行前爱国主义教育影片10余场，召开行前会24场，讲座20场，邀请专家34人，并组织研学主题分享会24场。学院推出《日出东方，红船印记》线上线下多学科融合研学课程展示活动，经由历史、政治、戏剧三位老师同台为学生解读中国历史开天

辟地大事变等内容，教育广大学生秉承共产党员身先士卒、牺牲奉献的忘我精神，相信信仰的力量、尊重历史的选择。

《日出东方，红船印记》多学科融合研学课程展示

5. 评选“一校一品”，推动学校德育实践创新

2020 年，在前三批“一校一品”优秀德育品牌评选工作基础上，北京市教育委员会、北京市职教学会组织开展了北京市职业院校第四批“一校一品”优秀德育品牌评选，采取线上、线下结合的方式进行，线上初评、线下复评。“一校一品”优秀德育品牌评选工作有效指导了学校对德育工作进行梳理和提炼，深入推动了职业院校德育实践创新，打造出一批特色鲜明的职业院校优秀德育品牌。2016 年开始评选至今，北京市已评选出 34 个优秀德育品牌，打造了 50 个职校“一校一品”德育项目，在北京市乃至全国形成了品牌辐射效应，产生了较好的引领和辐射作用。

案例 2－6 精心培育时代新人，着力打造德育金名片

北京交通运输职业学院是北京市高职“一校一品”德育品牌的首家试评单位，始终坚持以习近平新时代中国特色社会主义思想为指导，不断探索立德树人实践新途径。北交院“红色理论社团”成功入选北京市教育委员会组织开展的第二批北京市职业院校“一校一品”德育品牌创建，本次“北交院·志愿蓝”参与第四批“一校一品”德育品牌项目复评，以 2016 年学院承接“为主席站岗、为人民服务——毛主席纪念堂志愿服务”为品牌标志，号召学生参与疫情防控、“温暖衣冬”“学雷锋”“平安地铁”等各类主题志愿服务活动，逐步形成以五大载体融入五育、培育五心的品牌创建体系，着力打造“北京院·志愿蓝”志愿服务品牌，用青年行动点亮志愿品牌，铸就德育金牌。

全体志愿者宣誓　情景剧《纪念堂志愿故事》

6. 加强美育教育，构建职业特色美育教育体系

北京高职院校高度重视美育工作，不断加强和改进学校美育教育，坚持以美育人、以文化人，提高学生审美和人文素养，引领学生树立正确的审美观念、陶冶高尚的道德情操，把培育和践行社会主义核心价值

观融入学校美育全过程。结合学校专业特色，构建具有职业特色的美育教育体系。在北京市 2020 年高校美育改革创新优秀案例评选中，北京财贸职业学院的《探索传统商业文化育人，构建高职美育教育模式》和北京农业职业学院的《高校中华优秀传统文化艺术传承创新》案例分别荣获一等奖和二等奖，北京财贸职业学院案例被推荐参加全国优秀案例展。在 2020 年北京市学校美育科研论文征集评选活动中，北京经济管理职业学院和北京信息职业技术学院各荣获二等奖 1 项，北京政法职业学院、北京财贸职业学院等学校共荣获三等奖 12 项。具体情况见表 2－1。

案例 2－7 结合职业教育特色，创新学校美育教育体系

北京财贸职业学院美育教育以“立德树人”为根本，以“商贸文化”为依托，坚持“人人是胜者”教育理念，探索传统商业文化育人，推行扬长教育模式改革，从 2008 年起，与中央民族乐团合作，先后经历 11 届学生参与探索和实践，构建了“一特色、两融合、三维度、四平台”的“1234”职业特色美育教育体系，形成了具有财贸特色的美育教育模式。

北京农业职业学院大力弘扬耕读文化，不断创新美育建设，将耕读教育作为美育教育的重要内容，将耕读精神与理想信念相融合，培养具有爱国主义情怀的现代化农业建设者；将耕读精神与校园文化相融合，不断加大文化育人力度；将耕读精神与专业技能相融合，将“耕”和“读”落到了实处；将耕读精神与社会服务相融合，提升师生的社会服务意识，在“耕”和“读”中践行知行合一，构建具有耕读特色的美育教育体系。

表 2－1　北京市学校美育科研论文评选中高职类获奖

序号	姓名	单位	题目	获奖等级
1	郭朝红 曹景龙	北京经济管理职业学院	非艺术类高职院校美育工作推进策略研究——以北京经济管理职业学院“三一模式”为例	二等奖
2	谌章明	北京信息职业技术学院	北京美育资源视角下高职院校“基础”课的美育渗透论析	二等奖
3	丁爽	北京政法职业学院	“二次元”丑态带给语文美育教育的思考	三等奖
4	邓琰霖	北京财贸职业学院	新时代职院艺术教育特色发展与美育协同育人路径探索	三等奖
5	申佳	北京财贸职业学院	探索传统行业文化育人，构建高职扬长美育课程体系——以北京财贸职业学院为例	三等奖
6	白晓炜	北京电子科技职业学院	加快推动中国音乐教育专业教学模式转型	三等奖
7	吕漫池 李娜娜	北京交通运输职业学院	新时代战“疫”背景下高职精品艺术社团打造的实践探究	三等奖
8	李田 王杰	北京汇佳职业学院	美育在高职艺术设计专业人才培养中的实践研究——以北京汇佳职业学院文化创意系为例	三等奖
9	林巧琴 赵世杰	北京青年政治学院	艺术设计教育助推精准扶贫实践探索与研究——以北京青年政治学院艺术设计专业定点帮扶北京市怀柔区雁溪镇大地村精准扶贫为例	三等奖
10	姜舜怡	北京电子科技职业学院	高职数学教学的美育视角分析	三等奖
11	黄昕	北京青年政治学院	青少年茶文化课程美育教学资源开发	三等奖
12	黄馨谊	北京工业职业技术学院	工科类高职院校艺术团建设与发展的思考——以北京工业职业技术学院为例	三等奖
13	谢利苹	北京政法职业学院	美育对高职生学习心理的影响	三等奖
14	雷丽平	北京青年政治学院	论高校戏剧美育开展的途径及价值功能	三等奖

（二）在校体验

1. 创新社团活动形式，投身抗击疫情志愿服务

2020 年，北京高职院校共有 608 个社团，分为思想政治、志愿服务、文化艺术、体育健康、学术科技等多个社团类别，平均每校 24 个社团，参与各社团学生总数为 23 607 人。2020 年，北京高职院校创新社团活动形式，号召各学生社团结合自身特色，借助 QQ、钉钉、腾讯会议等软件组织线上社团活动。组织志愿者们积极投入疫情防控志愿服务中，参与居住区域社区联防联控门岗值勤、防疫宣传、环境消毒等工作中，为疫情防控工作奉献自己的力量。同时，学生们以社团为平台和载体，积极参加技能大赛、创新创业、体育运动等各级各类比赛，2020 年社团获奖总数为 172 项，其中国家级 11 项，省部级 42 项，地市级 63 项，院校级 48 项，其他 8 项。

案例 2－8　开展社团云战疫，参与社区抗疫志愿服务

北京电子科技职业学院持续开展“电科社团云战疫，线上活动不断线”活动，各学生社团结合自身特色及所擅长领域，将社团日常活动转移至线上，思想政治类社团联合组建“讲述抗疫故事，树立制度自信”学生宣讲团，学生参与 1 496 人次；志愿公益类社团把爱国情、强国志转化为报国行，积极投身到疫情防控的志愿服务中去，参加抗疫志愿服

务的学生共有 100 多人，服务时长达 5 800 多小时。

北京信息职业技术学院在号召学生做好自身防护前提下，积极参与社区志愿服务、爱心捐款、义务献血等公益活动，为打赢防疫阻击战贡献力量。学院共有 67 名学生到居住地所在乡、镇、社区参与疫情防控志愿服务，累计服务时长 4 731 小时；463 名学生自愿参加爱心捐款，共计捐款 13 916.83 元。北京卫生职业学院组织 280 名学生参与社区防疫志愿服务，累计服务 14 000 余小时，受众总人次近 39 万。学院志愿者在疫情期间发扬“人道、博爱、奉献”的红十字会精神，开展了“抗疫视频短片”“线上手语教学”等多项抗疫活动。

2. 战疫与育人同推进，确保健康与学业双发展

2020 年新冠疫情特殊时期，北京高职院校成立了学生防控工作组，坚持防“疫”与严实并进、抗“疫”与暖心并举、战“疫”与育人并行，制定防控方案，落实防控措施，做好学生疫情防控统筹、协调、督导和信息报送，重点做好湖北学生安抚、慰问工作，关心关爱留校学生，组织 2020 届毕业生“云视频”毕业典礼和 2020 级新生开学典礼，确保学生健康与学业双发展。同时，北京高职院校强化学生疫情期间的心理疏导，利用网站、微信公众号等平台加强宣传力度，通过建立心理辅导工作坊、发放学生战“疫”期间身心健康状况调查问卷、提供线上线下心理疏导服务、开展新生心理健康测评工作、建立学生心理健康档案、举办心理健康讲座等系列活动，满足疫情防控期间学生的心理需求，帮助学生增强战胜疫情的信心。

案例 2－9　开展线上线下心理辅导，提升学生心理素质

北京交通职业技术学院持续开展线上线下心理疏导服务工作，通过开学第一课、网站、公众号等形式加强宣传力度，建立心理辅导工作坊，实现新生心理预防教育全覆盖，举办“5.25‘疫’路同行，你我成长”云心理健康节和“12.5‘青春战疫，同舟共济’”心理健康周等活动，逐步提升学生心理素质。北京卫生职业学院坚持开展各种形式的心理健康活动，春季学期面向全体在校生开展心理状况调查，2 523 人参与调查；秋季学期面向 2020 级全体开展心理测评并建立心理档案，筛查出存在危机风险的学生 441 人，由学院专职心理咨询教师进行一对一约谈，测评其心理健康程度，做好危机排查防控工作。

3. 实施三级技能竞赛机制，提升学生职业技能

2020 年，北京市教育委员会宏观引领，强化顶层设计，高度重视技能大赛工作，继续实施“校级、市级、国家级”三级技能竞赛机制，不断提升学生职业技能水平。学生在各级各类技能大赛中成绩喜人。2019—2020 学年，北京高职院校参加国（境）外技能大赛获奖总数为 64 项，学生获奖人数为 40 名；参加 2019 中国北京世界园艺博览会室内展品竞赛、第三届中英一带一路国际青年创新创业技能大赛、第十届外研杯全国高等职业院校英语写作大赛等国家级比赛，获奖总数为 191 项，学生获奖人数为 587 名；参加北京市职业院校技能大赛、第六届中国“互联网＋”大学生创新创业大赛（北京赛区）等省部级比赛，获奖总数为 643 项，学生获奖人数为 1 611 名。2020 年，全国职业院校技能

大赛改革试点赛在山东省潍坊市等 9 个赛区举行，北京市教育委员会组建包括 54 名领队及工作人员、63 名学生和 53 名指导教师的全国职业院校技能大赛改革试点赛北京职教代表团，参加全国职业院校技能大赛改革试点赛高职组 19 个赛项的比赛，取得了优异成绩。

（三）招生情况

1．提前谋划精准布局，多措并举组织完成招生工作

近三年北京市高职生源处于低谷期，北京市教育委员会提前谋划精准布局，指导北京高职院校开展招生工作。北京高职院校多措并举开展招生工作，一是拓宽招生宣传形式，利用学校网站、各种新媒体、微信公众号、北京广播台“教育面对面”、《教育考试报》《北京日报》等多种线上线下方式全方位宣传；二是通过多种渠道和方式挖掘、开拓生源市场，与高中校、中职校建立密切联系；三是根据《教育部办公厅关于同意北京工业职业技术学院等 9 所高校开展京津冀跨省市高职单独考试招生试点工作的通知》，2020 年北京工业职业学院、北京财贸职业学院等学校首次在天津和河北试行跨省市高职单独招生，圆满完成招生计划。

案例 2－10　深化招生方式改革，探索中高本一体化培养模式

北京信息职业技术学院作为北京市“3＋2”中高职衔接和高端技术

技能人才贯通培养两个项目的试点院校，探索一体化育人模式，构建中高本一体化课程体系，形成较为完备的教学管理、运行机制，改革试点，成效显著。2020 年，学院在信息安全与管理、软件技术、大数据技术与应用等专业开展高端技术技能人才贯通培养试验，实际招生 180 人，招生计划完成率 100%。学院全力推进“3＋2”中高职衔接办学试点工作，合作中职学校已达 27 所，合作中职学校专业 72 个，2020 年合作中职学校当年招生近 1 000 人，辐射带动作用显著。

2. 落实扩招百万决策，部署北京高职扩招专项工作

贯彻落实党中央、国务院关于高职扩招百万的重大决策部署，根据教育部办公厅等六部门印发的《高职扩招专项工作的通知》，北京市教育委员会发布《北京市教育委员会关于做好我市 2020 年高职扩招专项工作的通知》，要求北京市各高职院校提高政治站位，高度重视高职扩招工作，结合学院实际情况，面向退役军人、新型职业农民等群体开展高职扩招工作，制定各学院高职扩招工作方案，圆满完成高职扩招专项工作，18 所高职院校参与扩招，共录取 665 人。

案例 2－11 开展高职扩招专项工作，面向多个群体扩大招生

北京政法职业学院于 2020 年 11 月开展了高职扩招专项工作，主要面向退役士兵，参与扩招的 2 个专业分别为国内安全保卫和消防工程技术专业，共报名 41 人，录取 40 人，报到 40 人，其中 37 人为退役士

兵。北京劳动保障职业学院2020年高职扩招主要针对退役士兵及部分社会人员，具体做法包括：制定2020年高职扩招工作方案、招生简章；联系各区县退役士兵管理局，进行现场宣讲、发放招生资料；完善报名系统、组织考生报名；对考生资格进行审核、组织考试，已有17名考生通过资格审核并进行了考试。北京农业职业学院全面推进新型职业农民培养，成立专门机构，制定《2020年高素质农民人才培养学历教育招生工作方案》等文件，加强宏观指导和顶层设计，完善扩招相关措施，2020年开展扩招两次，第一次扩招录取28人，第二次扩招录取818人。北京财贸职业学院、北京市外事学校和北京饭店深化产教融合，共同开展北京旅游酒店业高职扩招项目招生，面向北京外事服务职业教育集团企业成员单位，招收符合条件的在职职工，按照高职自主招生模式招生，采用线上线下互动教学模式和模块化课程设计，实施学分制管理。借鉴“双元制”培养模式，形成企业、学校双元课堂，理论结合实际，实现学生素质全面提升。

3. 北京高职生源稳步上升，录取率报到率增幅较大

2020年，北京市26所高职院校招生方式主要为普通高考招生、基于高考的“知识＋技能”自主招生，“3＋2”中高职衔接、贯通培养、京津冀协同招生等，计划招生人数为28 003人，实际录取人数为24 070人，实际录取率为85.96％。实际报到人数为22 665人，新生报到率为94.16％。与2018年相比，实际录取率和新生报到率分别提高5.65和2.93个百分点。如图2－1、图2－2所示。

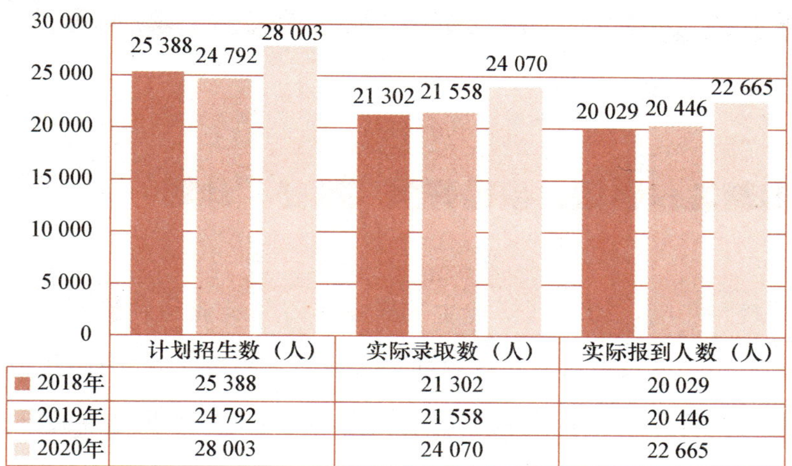

	计划招生数（人）	实际录取数（人）	实际报到人数（人）
2018年	25 388	21 302	20 029
2019年	24 792	21 558	20 446
2020年	28 003	24 070	22 665

图 2－1　2018—2020 年北京市高职招生录取情况

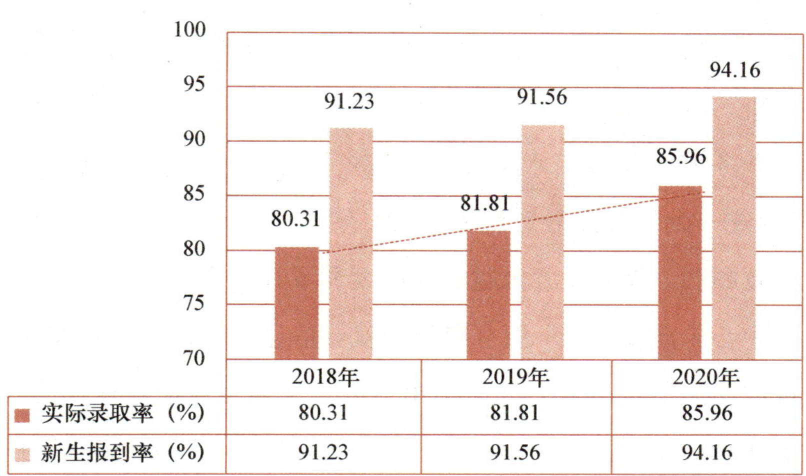

	2018年	2019年	2020年
实际录取率（%）	80.31	81.81	85.96
新生报到率（%）	91.23	91.56	94.16

图 2－2　2018—2020 年北京市高职学生录取报到率

（四）就业质量

1. 创新工作手段，积极开展“暖冬”计划

受疫情影响，2020届毕业生的毕业实习和就业遇到前所未有的困难，北京市深入贯彻落实《教育部关于应对新冠肺炎疫情做好2020届全国普通高等学校毕业生就业创业工作的通知》，积极创新工作方法、创新就业服务方式，多渠道挖掘就业岗位。北京市教育委员会专门制定了《关于做好疫情防控期间本市高校毕业生就业工作的通知》，积极开展高校毕业生就业“暖冬”计划，助力学生成才就业。北京市教育委员会通过就业信息网、微信公众号、《成功就业》订阅号等多种渠道推送就业创业信息，举办生涯规划指导老师培训、创新创业导师培训等4期培训班，培训高校就业指导教师474人次，有效提升就业工作队伍的整体业务能力和服务水平。北京高校毕业生就业指导中心新上线“服务系统＋微信公众号”服务平台，实现用人单位线上报名和线下招聘高效顺畅，供需双方沟通的精准度和成功率大幅攀升；开拓“市级就业中心＋高校校园”服务渠道，就业信息投放针对性和职业指导服务成效明显。2020年，北京市出台高校毕业生灵活就业补助政策，毕业后采取灵活就业的方式，政府将提供每人每月958元的社保补贴。

2. 落实“一生一策”，圆满完成就业工作

北京高职院校在广泛“找路子”的基础上，发扬“钉钉子”精神，有针对性地破解难题，做好困难群体帮扶工作，对于有就业困难的学生，严格落实“一生一策”，雪中送炭，做到“责任清、问题清、需求清、措施清、去向清”。2020 年北京市高职毕业生人数为 21 380 人，截至 2020 年 9 月 30 日，初次就业率为 90.54%，与 2019 年相比就业率有所下降，但总体情况良好。2020 届北京市高职毕业生平均月收入为 4 837.50 元，略高于 2019 届毕业生月收入。理工农医类学生就业的专业相关度为 74.72%，母校满意度和雇主满意度分别为 94.22% 和 95.76%，与 2019 届毕业生相比数据持平；毕业三年职位晋升比例为 52.36%，略高于 2019 年晋升比例；自主创业比例为 0.53%，低于 2019 年自主创业比例。毕业生就业到中小微企业等基层服务人数为 9 010 人，占毕业生总数的 42.14%。2019、2020 年学生发展的大致数据见表 2-2。

表 2-2　学生发展表

序号	指标	单位	2019 年	2020 年
1	毕业生人数	人	19 349	21 380
	其中：就业人数	人	17 875	19 305
2	毕业生就业去向：	—	—	—
	A 类：留在当地就业人数	人	13 649	15 059
	B 类：到西部地区和东北地区就业人数	人	466	759
	C 类：到中小微企业等基层服务人数	人	10 948	9 010
	D 类：到 500 强企业就业人数	人	1 235	1 177
3	就业率	%	92.38	90.54
4	理工农医类专业相关度	%	80.45	74.72
5	月收入	元	4 455.31	4 837.50
6	自主创业比例	%	1.27	0.53

续表

序号	指标	单位	2019 年	2020 年
7	雇主满意度	%	97.79	95.76
8	毕业三年职位晋升比例	%	50.39	52.36
9	母校满意度	%	94.10	94.22

（五）创新创业

1. 创业实践与专业教育相结合，培养“双创”精英人才

2020 年，北京市教育委员会全面贯彻落实《国务院办公厅关于深化高等学校创新创业教育改革的实施意见》和《国务院关于推动创新创业高质量发展打造“双创”升级版的意见》等文件精神，完善创新创业教育体系，探索创新创业教育新模式，搭建创新创业平台，持续推进大学生创业园建设。北京市各高职院校着力培养学生的创新精神、创业意识和创新创业能力，将创业实践与专业教育相结合，让学生在创新创业中巩固专业知识，在专业教育中提高创新创业能力，培养造就“大众创业、万众创新”生力军。

案例 2－12　创新创业育人成效显著，“挑战杯”国赛等大赛喜获佳绩

北京财贸职业学院构建了“三阶式”高职创新创业教育体系，经过

“路径初探、体系构建、应用完善”三个阶段，通过融专业、搭平台、强支撑、重保障等一系列措施，实现“三阶式”创新创业教育体系良好的育人效果。2020 年 3 月，学院启动“2020 年创新创业大赛校内选拔赛”，打出了“双创赛事平台＋项目管理平台＋数据分析平台＋直播平台＋微信公众号”的组合拳，实现报名、审核、网评、路演、培训、指导、跟踪等全过程在线开展。经过精心准备，学院在第四届“中英一带一路国际青年创新创业技能大赛”全国总决赛中荣获一等奖 2 项，在第十二届“挑战杯”中国大学生创业计划竞赛中荣获 2 金 3 铜的好成绩。

北京经济管理职业学院将培养学生职业能力、创新创业能力放在突出位置，构建了“创业认知—模拟创业—创业实战”的创新创业课程体系，形成了“一个核心、两条主线”的创新创业教育模式，重点打造以基础教育学院师资为主＋专业教师＋辅导员的创新创业教育师资队伍，在两个校区投资近 600 万元建设创新创业实训中心和实训基地。学院在第十二届“挑战杯”中国大学生创业计划竞赛中荣获铜奖 1 项，在第六届中国国际“互联网＋”大学生创新创业大赛中荣获银奖和铜奖各 1 项，在第四届“中英一带一路国际青年创新创业技能大赛”全国总决赛中荣获二等奖和三等奖各 1 项。

2. 搭建国际化技能大赛平台，大力培养双创国际化人才

2020 年，北京市教育委员会精心做好顶层设计和宏观统筹，举办第二届“北京职教国际青年创新创业技能大赛”和第六届中国国际“互联网＋”大学生创新创业大赛北京赛等赛事。组织北京高职院校参加国

内外各级各类创新创业大赛，荣获多项国家级和世界级奖项，凸显了首都高职学生的创新创业实力，培养造就了一批具有国际视野的创新创业人才。2020 年，北京高职院校创新创业大赛成效显著，在第十二届“挑战杯”中国大学生创业计划竞赛荣获金奖 2 个、铜奖 12 个。在第六届中国国际“互联网+”大学生创新创业大赛中荣获银奖 1 项，铜奖 3 项。在第四届“中英一带一路国际青年创新创业技能大赛”全国总决赛荣获一等奖、二等奖、三等奖各 2 项。表 2-3、表 2-4 显示了部分获奖情况。

表 2-3 第四届“互联网+”大学生创新创业大赛北京赛区获奖（高职）

序号	学校名称	高教主赛道			“青年红色筑梦之旅”赛道			职教赛道			合计	优秀指导教师	优秀组织校
		一等奖	二等奖	三等奖	一等奖	二等奖	三等奖	一等奖	二等奖	三等奖			
1	北京经济管理职业学院						1	11	9	63	84	16	是
2	北京财贸职业学院			5			2	5	4	47	63	7	是
3	北京电子科技职业学院							2	11	14	27	5	是
4	北京青年政治学院								1	12	13		
5	北京工业职业技术学院			4				1	3	4	12	3	
6	首钢工学院							1	4	7	12	1	
7	北京经济技术职业学院			3					2	6	11		
8	北京信息职业技术学院			1				2	4	5	10		
9	北京社会管理职业学院								1	8	9		
10	北京农业职业学院						1	1	3	2	7	1	
11	北京交通运输职业学院							1	3	2	6	2	
12	北京戏曲艺术职业学院							1	1	4	6		
13	北京科技职业学院								1	5	6		
14	北京经贸职业学院								1	2	3		
15	北京社会管理职业学院（民政部培训中心）			1			1				2		
16	北京政法职业学院								1		1		
17	北京京北职业技术学院									1	1		
18	北京劳动保障职业学院									1	1		
19	北京培黎职业学院									1	1		
总计				14			5	25	49	184	275	35	

表 2-4 第二届北京职教国际青年创新创业技能大赛学生赛获奖（高职）

序号	学校名称	奖项			合计	优秀组织奖
		一等奖	二等奖	三等奖		
1	北京财贸职业学院	2	1		3	是
2	北京经济管理职业学院	1	2		3	
3	北京信息职业技术学院		2	1	3	是
4	首钢工学院	1		1	2	
5	北京电子科技职业学院		1	1	2	是
6	北京汇佳职业学院			2	2	
7	北京交通运输职业学院			2	2	
8	北京政法职业学院			1	1	
合计		4	6	8	18	

（六）学生奖助

2020 年，北京高职院校完善疫情防控期间学生资助管理办法，启动线上“特殊困难补助”申报通道，及时为因疫情造成家庭经济困难学生提供必要帮助，积极做好学生“停课不停学”网络学习流量补贴发放工作，完善疫情防控期间学生资助工作体系，有效保障家庭贫困学生能顺利进行在线学习。继续采取多种举措，制定实施学生资助保障文件，建立学生资助多元体系，开设新生入学绿色通道，实施精准化资助工程，健全了奖、贷、助、减、缓、免等措施在内的一整套经济困难学生资助体系。广泛开展针对贫困生的爱国主义教育、励志自强、感恩诚信等“资助育人”，奖助项目种类有减免学杂费、奖学金、困难补助等六类，奖助高职学生总人数为 52 450 人，奖助金额为 7 890.49 万元，用实际行动让贫困学生感受到温暖关爱和经济资助，解除他们的后顾之忧，为他们点亮希望，成就梦想。具体情况见表 2-5。

表 2-5 2020 年北京高职院校奖助情况

序号	项目种类	奖助人数	奖助金额（万元）
1	减免学杂费	1 552	821.16
2	奖学金	13 881	1 675.65
3	困难补助	19 931	1 098.93
4	勤工助学	2 583	423.61
5	助学贷款	1 112	834.94
6	助学金	14 943	3 036.20
	合计	52 450	7 890.49

案例 2-13 完善多样化资助体系，聚焦资助育人

北京劳动保障职业学院现已建立起以奖、助、贷、勤、补等为主体的多元化资助工作体系，形成了以政府为主导、学院为主体的资助工作格局。学院加强资助政策宣传，聚焦资助育人，将资助工作与德育、解决实际问题和心理辅导相结合，确保家庭经济困难学生生活有保障、学习有帮扶，成长有指导，都能拥有人生出彩的机会。2020 年学院荣获“首都学生资助推荐学习单位”荣誉称号。北京汇佳职业学院根据疫情情况完成了对 6 名建档立卡人员及 2 名湖北籍学生发放生活补贴工作，积极开展家庭经济情况普查与情况跟踪工作、诚信教育主题活动、“助学、筑梦、铸人”主题教育活动等活动，2020 年全年共有 420 人次学生获得各级各类奖助学金和资助，资助金额达 102.36 万元。

三、教育教学

（一）专业建设

北京高职院校深入贯彻落实《国家职业教育改革实施方案》《北京职业教育改革发展行动计划（2018—2020 年）》等文件精神，以“高质量、有特色、国际化”为引领，以中国特色高水平高职学校和专业建设计划、北京市特色高水平特色骨干专业（群）建设、“1＋X”证书制度试点等重点改革任务为引擎，对标国家《职业教育提质培优行动计划（2020—2023 年）》，加快传统专业升级改造和新兴专业建设，基本形成了与首都“四个中心”城市功能定位和经济社会发展需求相契合的专业群布局结构。

1. 契合北京发展战略优化专业结构，提升专业服务发展能力

北京高职院校以服务北京“四个中心”功能定位为导向，以突出类型教育为特色，聚焦北京高精尖产业结构、高品质民生需求和城市运行与管理三方面需求，持续开展专业与产业契合度调研，完善专业动态调整机制，结合“三城一区”区位区域优势和办学特色，增设新专业，升级传统优势专业，实现专业结构不断优化，不断增强人才培养适应性。2020 年，增设备案的 58 个专业中 39.7％聚焦服务高精尖产业、36.2％聚焦服务高品质民生、10.3％聚焦服务城市运行管理。2020 年，北京市持续推进特色高水平专业群建设计划，从公布第二批北京市职业院校

特色高水平骨干专业（群）结果看（见表3-1），建设项目与北京市经济社会发展需求和城市功能定位高度契合，服务北京“三方面”需求特点明显。

表3-1　第二批北京职业院校特高专业（群）名单

序号	学校名称	专业（群）名称
1	北京经济管理职业学院	人工智能专业群
2	北京工业职业技术学院	智能网络建设维护应用群
3	北京工业职业技术学院	智能建造专业群
4	北京信息职业技术学院	电子信息工程技术专业
5	北京经济管理职业学院	临空经济管理专业群
6	北京电子科技职业学院	飞机及空港设备维修专业群
7	北京农业职业学院	食品安全专业群
8	北京卫生职业学院	药学专业
9	北京社会管理职业学院	康复辅助技术专业群
10	北京体育职业学院	运动与健康专业群
11	北京财贸职业学院	文化旅游专业群
12	北京青年政治学院	旅游英语专业
13	北京电子科技职业学院	艺术设计专业群
14	北京农业职业学院	水利工程专业群
15	北京财贸职业学院	智慧商业专业群
16	北京经济管理职业学院	数字财金专业群

案例3-1　服务北京城市建设，打造高水平城市服务专业集群

北京工业职业技术学院以智能化、信息化为主线构建了城市智慧建造专业群，对接城市智慧建设产业链，服务城市数据采集处理、城市智慧建设和城市运维管理等领域的创新发展。专业群以无人机测绘技术、地理信息技术、BIM（建筑信息模型）技术、虚拟现实技术和三维信息技术为纽带，相互融合，形成专业集群优势，培养服务于城市智慧建设产业链的复合型国际化高素质技术技能人才。北京经济管理职业学院、

北京电子科技职业学院发挥地处大兴国际机场临空经济区的地域优势，加大专业建设与区域临空产业发展的协同重构力度，分别打造服务于临空经济核心产业的专业群和飞机及空港设备维修专业群，主动服务北京“国际交往中心”建设和首都高品质民生需求对技术技能人才的需要。

2. 人才培养方案落实“五育并举”，有效补齐人才培养短板

北京高职院校认真学习贯彻习近平总书记关于教育的重要论述，贯彻落实中共中央国务院《关于全面加强新时代大中小学劳动教育的意见》《关于全面加强和改进新时代学校体育工作的意见》《关于全面加强和改进新时代学校美育工作的意见》，以培养德技并修、复合型、德智体美劳全面发展的技术技能人才为核心，强化为党育人、为国育才的使命担当，持续深化“三全育人”综合改革，不断完善德智体美劳全面发展的人才培养体系。在 2019 年人才培养方案的基础上，2020 年，北京高职院校新一轮人才培养方案编制过程中，着力补齐“五育并举”短板，通过开齐开足体育课，开设公共艺术课程和艺术实践课程，设立劳动教育必修课程，及要求劳动精神、劳模精神、工匠精神专题教育不少于 16 学时等方式，将促进学生全面发展落到实处。

案例 3 - 2 学校统筹设计，落实五育并举

北京财贸职业学院在落实“五育并举”上，做到培养目标、培养规格、课程体系、课程设置、课程内容、教学实施在落实上的“六统一”。

在全校落实《深化“三全育人”综合改革方案（试行）》基础上专门制定了《深化课程思政建设实施方案》，将财贸素养教育、劳动教育、体育教育、美育教育纳入国家“双高校”建设任务，成立了“张秉贵劳动教育研究中心”，构建了“5363”劳动教育体系，进一步完善“基础＋选项＋职业”的模块化体育课程体系，将美育教育融入财贸素养教育“五板块”体系中不断深化，与中央民族乐团等校外艺术团体合作，从文化美、艺术美、专业美三个维度，逐步形成了“一特色、两融合、三维度、四平台”“1234”职业特色大美育教育模式，美育教育实践案例“探索传统商业文化育人，构建高职美育教育模式”获评“北京市高校美育改革创新优秀案例”一等奖。北京交通运输职业学院为进一步落实德智体美劳“五育并举”理念，逐步构建具有北交院特色的劳动教育体系，树立正确的劳动观念，强化劳动能力，发挥劳动在促进学生成人成才过程中的作用，把劳动教育课程集中2周实践纳入人才培养课程体系，探索实践“体育＋课程思政”，强化课程思政和体育课程的融合，实践案例荣获全国高等职业院校体育课程思政教学设计大赛二等奖。

3. 全面推进“1＋X”证书试点，稳步推进人才培养书证融通

北京充分认识“1＋X”证书制度试点作为新时代职业教育改革重要制度创新的重大意义，强化顶层设计，加大统筹力度，着力推进“1＋X”证书制度试点在高职院校落地、见效。高职院校把开展“1＋X”证书制度试点工作作为落实教育部《关于职业院校专业人才培养方案制订与实施工作的指导意见》的关键和促进人才培养质量升级的重点改革

举措，在推进新版人才培养方案制（修）订过程中，把“课证融通”作为课程体系重构的重要内容，通过单独开设X证书课程、在专业课教学内容中融入X证书内容、在课程考核中融入X证书评价标准等不同形式，积极探索“书证融通”路径，有效实现了X证书的“四新”（即新技术、新业态、新岗位、新规范）与人才培养方案的有机融合，提高了人才培养的复合度，更有力推进了专业的升级改造。从落实职业教育国家学分银行建设出发，将北京市“1+X”证书制度试点工作协调推进办公室设在北京开放大学，探索试点学分银行建设和学习成果转换。

2020年9月，北京市教育委员会在全市下发《关于开展北京市学分银行服务体系建设试点工作通知》，建立了市级学分银行管理中心、学分银行管理分中心和学分银行联盟成员单位构成的组织体系，颁布了《北京市学分银行管理办法（试行）》，首批公布的“1+X”证书制度试点院校有12家入选学分银行成员单位。截止到2020年底，参与“1+X”证书试点的高职院校有22所，试点专业141个、试点证书155个、试点专业学生55 150人，32个证书完成了考生考核工作，考生人数共计5 343人次，考试通过人数3 312人次，总通过率为61.99%，参加考证人数最多的3个证书分别为汽车运用与维修，建筑信息模型（BIM）和智能财税。

案例3-3 推进“1+X”证书制度试点，实现X证书与人才培养融通

北京财贸职业学院在专业建设中，以技术赋能为主线，聚焦新技术、新业态、新岗位、新规范，全面推进“1+X”证书制度试点工作，深度参与“大数据财务分析”“财务数字化应用”“智能审计”“前厅运

营管理”“餐饮服务管理”等职业技能等级标准的开发和研制工作，与培训评价组织中联集团共同开发的“智能财税”职业技能等级证书教学资源已经上线运行，10月24日来自全国73所高职院校、51所中职学校的337名代表齐聚学校，共同观摩智能财税“1+X”证书共享业务顶岗实训模块的教学展示。截至2020年底，X证书已经覆盖全校26个专业，覆盖率达100%。学校在各专业通过开设进阶发展课程模块，落实课证融合，实施书证融通。北京交通运输职业学院12个专业参与“1+X”证书制度试点工作，结合学校实际，建立了“1+X”证书试点管理办法等管理制度，将职业技能等级标准与教学标准相对接，参与“汽车油漆调色与喷涂”职业技能等级证书研究开发，以此深化校企共建专业。

智能财税、汽车油漆调色与喷涂“1+X”证书课程观摩及考核现场

（二）课程改革

1. 落实课程思政建设指导纲要，全面推进课程思政课建设

北京市教育工委2020年3月下发《北京市深化新时代学校思想政治理论课改革创新行动计划》，实施“数字马院”建设工程、网络引领工程、课程思政建设工程、思政课教师培优工程、思政课教法创优工程、思政课质量保障工程、思政课教育教学资源共享工程、思政课创新孵化工程、北京市大中小学思政课一体化建设工程、北京高校思政课案例库建设工程等十大创新计划，进一步要求把思想政治教育贯穿人才培养体系，全面推进课程思政建设，发挥好每门课程的育人作用。北京高职院校强化“看北京首先要从政治上看”的要求，全面落实教育部《高等学校课程思政建设指导纲要》，以市委教育工委开展的“思政课、专业课教书育人‘最美课堂’评选”为载体，结合专业特点分类推进课程思政建设，把课程思政融入教育教学全过程，科学设计课程思政教学体系，推动各类课程与思想政治理论课同向同行，实现全员、全过程、全方位“三全育人”，实现职业技能和职业精神培养高度融合，培养“德技并重、德能兼备”高端技术技能型人才。

案例 3-4 评选课程思政优秀案例，引导教师用好课堂教学主阵地

北京财贸职业学院党委发布《北京财贸职业学院深化课程思政建设实施方案》，指导各单位围绕立德树人，全面推进课程思政工作。在课程思政教改项目的基础上，目前已初步形成 72 个课程思政示范性教学设计与实施案例，成功组织首届教书育人“最美课堂”校级评选活动，推荐教师参加市级最美课堂评选，商学院专业课教师张璐作为高职院校唯一代表晋级北京市高校教书育人“最美课堂”决赛，并被评为“北京市高校教书育人特级教师”，通过树立典型，示范引领，调动广大专业课教师立足课堂教学发挥教书育人作用。

北京电子科技职业学院设计实施“最美课堂”“三金案例”等项目，引导教师用好课堂教学主渠道，在教学中注重融入思想政治教育元素和职业道德标准，加大课程思政建设力度。遴选首批课程思政“三金”优

秀教学设计案例 50 项并公开出版。在优秀教学案例的引领下，各门课程的主讲教师都纷纷发掘自身课程中的“三全”育人点，并在日常教学中进行实践，最大限度地激发了教师进行课程思政教学改革的热情。

案例 3－5　以弘扬伟大抗疫精神为主题，推进课程思政建设

开展“讲好抗疫故事，上好爱国主义教育课”主题活动

北京高职院校落实北京市教育委员会关于开展弘扬伟大抗疫精神主题教育的要求，各高职院校全部在疫情期间开展“讲好抗疫故事，上好爱国主义教育课”主题活动，紧扣时政，结合学生思想状态，每周一主题，开展各具特色的课程思政教育，落实课程思政。通过思政教育使学生明确疫情防控的形势和国家的战略要求，同时，通过不同主题的思政教育给学生树立家国情怀、民族自豪感、法制意识、安全意识等，稳定学生思想、安心居家学习。

2. 在常态化疫情防控中主动求变，“课堂革命”成效凸显

北京高职院校沉着应对疫情，确保教师不停教、学生不停学的同时，将“三教”改革作为疫情防控常态化下主动求变、深化内涵建设的切入点和突破口，坚持标准引领、技术引领、创新引领“三引领”和德技融合培养、赛教融合培养、专创融合培养“三融合”。聚焦教师、教材、教法改革探索推动高职教育实现“三个转变”的具体路径，创设“三教”改革的课程建设载体，形成“三引领、三融合”高端技术技能人才培养体系，全面推进高职教育的“课堂革命”。

高职院校“三教”改革是由新技术支撑的教学改革。随着大规模线上教学的全面开展，教师运用现代信息技术更新教材和改进教法成为新常态。高职院校还借鉴“胡格”等国际先进课堂教学经验，开展项目化课程改革实践，将行业的新技术、新工艺、新规范作为内容模块，及时融入教材中，加快教材的改革与创新设计，开发本土化教学资源，探索适合国内高职教育的 TAFE 模式和胡格模式的课堂革命，提升校内课

堂效果，提升人才培养质量。

案例 3-6 校企携手应对疫情，探索实践实训教学“云学徒”模式

北京农业职业学院《园林植物基础》的任课教师在讲授“树木识别”模块时，推出“一图在手，实训无忧”教学模式，将大量植物图片素材整理合成到一张图片中让学生学习；《平面动画设计与制作》等软件开发类课程，利用网络在线实时协同编辑平台，学生在线编写代码，老师远程协助调试，通过网络平台打破了地理空间距离的限制。《RFID技术应用》等硬件操作类课程，利用网络虚拟仿真平台，把硬件实操在创设的 3D 虚拟仿真教学情境中完成；《粮油加工与质量监控》等食品加工类课程，任课教师探索了“课前操作、课上交流，先实训、后指导”，将“厨房变为实训室、教学反转”的线上实训教学模式。

北京经济管理职业学院利用校内实训中心，在校内建设与企业一致的实践条件和环境，强化学生从模拟到实操训练。借鉴德国“双元制”职业教育的经验，在现代学徒制试点专业推进校企深度融合，聘请企业教师，开展现代学徒制培养，满足跟岗实训的需要。在机电一体化专业、应用电子技术专业和宝玉石鉴定与加工专业，开展“五双育人”改革，即双主体育人（学校＋企业）、双导师指导（教师＋师傅）、双课堂教学（校内课堂＋企业课堂）、双身份学习（学生＋学徒）、双评价（学历证书＋专业技能证书），构建了与企业相适应的校内课堂与企业课程交替教学模式。

3. 着力推进多平台在线教学，为课程与教学改革有效赋能

2020年初，面对突发的新冠肺炎疫情，北京高职院校按照教育部、北京市委市政府关于加强新型冠状病毒疫情防控工作要求，积极应对、科学统筹、精心准备，灵活开展教学组织与管理，保证“停课不停教，停课不停学，学习不延期”。各高职院校根据学校情况，采用自主研发平台或以其他校外公开使用的平台开展在线教学，确保了疫情期间学校教学及人才培养工作不断线，人才培养质量不降低，同质等效。

北京高职院校全面总结推广“停课不停学、停课不停教”经验，巩固疫情期间在线教学成果，深入推动多种形式的线上、线下、线上与线下相结合、实体与虚拟相结合、课内教学与课外实践相结合等教学模式创新。在线教学期间，各高职院校加大教师和学生信息化应用能力培养培训力度，提升了教师教学能力和学生自主学习能力。同时，推进了课程改革创新，打造了一大批具有创新性、高阶性、挑战度的一流课程。构建基于大数据的教学过程管理评价体系，实现了从经验式、粗放式管理向数字化、精准化管理的跨越。

疫情期间，北京财贸职业学院以“财贸在线”平台为主、以其他校外公开使用的平台（云班课、企业微信、腾讯会议、钉钉直播、雨课堂、学习通、建筑云课、ZOOM会议直播等平台）为辅开展在线教学；北京电子科技职业学院依托“北电科智慧教学云平台”积极做好全部在线课程的教学环节设计、翻转式教学、学情跟踪、质量评价和大数据统计与分析等；北京农业职业学院与超星集团合作，引入“一平三端智慧

教学系统”，超星集团提供培训服务；北京信息职业技术学院利用“北信在线”教育平台和丰富的网上课程优质教学资源，组织学生开展线上教学活动；北京劳动保障职业学院在线开展钉钉直播、学习通等教学平台使用培训等。各类教学平台及时保障了教学工作的顺利开展。

案例 3-7 构建智慧教育新生态，创新混合教学新模式

北京电子科技职业学院以平台为根，数据为本，打造智慧在线教学新生态。“北电科智慧教学云平台”累计运行在线课程 1 503 门，在线授课班级 2 414 个；平均每周完成课堂活动 12 万个、完成任务点 30 万个、讨论 2 万次、批改作业 4 万次、访问量 3 千万次。多措并举，点面结合，搭建教学运行管理全体系。为提升在线教学运行效果，先后制作了《不停教不停学，电科院 24 问来助你打赢这场战“疫”》《网络教学平台使用手册》《你问我答！电科院春季学期调整教学工作方案解读》等指导文件；组建技术团队服务全校师生 7 500 余人，保障在线教学畅通无阻；建立“日报-周报”制度，疫情期间共计发布日报 95 期、周报 20 期，全面反馈学校教学工作情况。

案例 3-8 上好“三堂课”，探索互联网＋职教体系

2020 年新冠肺炎疫情带给高等职业教育巨大挑战。这种挑战不仅是把课堂搬到云端，转变教学方式，更是对构建互联网＋高职教育体系的全面要求。北京青年政治学院以云端“三堂课”为抓手，探索“三堂课”背后的教育服务体系，积极构建立足首都城市发展需要，适应首都

职业教育发展要求的互联网＋职业教育体系。把握用户思维，上好“网络课”；突出职业特色，上好“实践课”；加强思想引领，上好“思政课”。“网络课”带来的是信息技术变革、教学思维变革、教学方式与内容变革；“实践课”带来的是对“互联网＋”时代高职校企合作、产教融合的重新思考；“思政课”坚守“立德树人”的根本任务，让云端与线下同时不忘教育初心。而这云端的“三堂课”也让北青政探索了网络教学内容体系、网络教学质量监控体系、网络实践教学体系、网络思政工作体系，这四大体系基本架构了互联网＋高职教学工作体系。

8 | 北京日报 | 2020年3月31日 星期二　专版

北京青年政治学院
上好“三堂课”探索互联网+职教体系

2020年新冠肺炎疫情带给高等职业教育巨大挑战。这种挑战不仅是把课堂搬到云端，转变教学方式，更是对构建互联网+高职教育体系的全面要求。北京青年政治学院以云端“三堂课”为抓手，探索“三堂课”背后的教育服务体系，积极构建立足首都城市发展需要，适应首都职业教育发展要求的互联网+职业教育体系。

《北京日报》对北京青年政治学院的报道

（三）产教融合

2020年北京职业教育在持续推进“工程师学院”“技术技能大师工

作室”建设计划的同时，又在 2020 年 6 月北京市教育委员会、北京市发展和改革委员会、北京市人力资源和社会保障局、北京市财政局联合下发的《关于深化职业教育改革的若干意见》（简称“京 10 条”）中，明确提出了“深化产教融合，创新体制机制，激发企业参与职业教育活力”的新要求，指出通过引企驻校、引校入企、校企一体等方式，共同打造一批集高水平实训、应用技术研发、工艺与产品开发为一体的共享型实训基地或生产性实训基地。借鉴国际先进职业教育经验，推广“入学即入职、工学交替、校企协同”培养机制，探索以企业为主导的校企合作人才培养模式，强化企业全过程参与职业院校人才培养。

1. 持续推动工程师学院建设计划，凸显产教融合双元育人成效

北京市从 2018 年开始，在全市职业院校中推进职业院校工程师学院和技术技能大师工作室建设计划，这是落实国家产教融合政策导向，校企共建产业学院的实际举措。北京高职院校以此为契机，精准对接首都“四个中心”功能定位和经济社会发展需求，紧跟数字经济新业态、新职业、新岗位，与区域内龙头企业、领军企业等联合探索多元化办学体制，整合优质社会资源，共建瞄准产业相匹配的专业，校企共同建设高水平专业，共同开发课程标准，共同打造教学创新团队，共同设立技术技能创新服务平台，开展职业培训等，探索出一条产教融合、校企双元合作育人的新思路新途径，被媒体点赞为“北京产业学院模式”。自 2018 年该建设项目开始实施到 2020 年底，已从全市层面累计遴选两个批次 90 个工程师学院和技术技能大师工作室建设项目，其中第二批的情况见表 3－2。

表 3-2　北京高职工程师学院和大师工作室（第二批）

序号	学校名称	项目名称	企业名称
1	北京工业职业技术学院	施耐德电气城市能效管理应用工程师学院	施耐德电气（中国）有限公司
2	北京交通职业技术学院	广联达数字城市建设与管理工程师学院	广联达科技股份有限公司
3	北京经济管理职业学院	科大讯飞人工智能工程师学院	科大讯飞股份有限公司
4	北京政法职业学院	新华三网络安全工程师学院	新华三技术有限公司
5	北京电子科技职业学院	北京亦庄药品生物技术工程师学院	北京亦庄国际生物医药科技有限公司
6	北京交通运输职业学院	首发公路工程师学院	北京首发公路养护工程有限公司
7	北京交通运输职业学院	庞贝捷（PPG）汽车涂装工程师学院	上海庞贝捷漆油贸易有限公司
8	北京交通运输职业学院	京港地铁城市轨道交通工程师学院	北京京港地铁有限公司
9	北京农业职业学院	北京排水集团给排水工匠技师学院	北京城市排水集团有限责任公司
10	北京工业职业技术学院	广联达 BIM 工程师学院	广联达科技股份有限公司
11	北京财贸职业学院	广联达数字造价工程师学院	广联达科技股份有限公司
12	北京青年政治学院	东华软件智慧养老学院	东华软件股份公司
13	北京农业职业学院	京林园林工程师学院	北京京林园林绿化工程有限公司
14	北京工业职业技术学院	中青旅智慧文旅学院	中青旅控股股份有限公司
15	北京信息职业技术学院	完美世界数字文化创意设计师学院	完美世界教育科技（北京）有限公司
16	首钢工学院	网龙数字创意工程师学院	福建网龙计算机网络信息技术有限公司
17	北京经济管理职业学院	京东国际数字贸易学院	京东教育文化有限公司
18	北京经济管理职业学院	中联数字财金工程师学院	中联企业管理集团有限公司

续表

序号	学校名称	项目名称	企业名称
19	北京财贸职业学院	中联智能财税学院	中联企业管理集团有限公司
20	北京社会管理职业学院	海涛生命服务学院	秦皇岛海涛万福集团
21	北京电子科技职业学院	张晋芳 LED 显示芯片技术技能工作室	北京集创北方科技股份有限公司
22	北京交通运输职业学院	张术华高速公路智能运维大师工作室	北京云星宇科技服务有限公司
23	北京交通运输职业学院	阚有波汽车技术大师工作室	安莱（北京）汽车技术研究院
24	北京电子科技职业学院	袁騉水处理技术技能大师工作室	北京化育厚德咨询有限责任公司
25	北京交通运输职业学院	周绪利道路桥梁工程大师工作室	北京市道路工程质量监督站
26	北京财贸职业学院	倪东侃织染艺术工作室	北京丝绝纺织股份有限公司
27	北京青年政治学院	王岳川传统文化教育与推广工作室	河南荣生书法导报出版有限公司
28	北京体育职业学院	王福全冰球技能工作室	北京华星冰雪文化发展集团有限公司
29	北京经济管理职业学院	李浩国际餐饮艺术设计大师工作室	甜园坊（北京）食品科技有限公司

案例 3-9 携手龙头企业共建合作共同体，探索产学研合作新路径

北京工业职业技术学院与施耐德电气（中国）有限公司共建“施耐德电气（中国）有限公司工程师学院”，依托企业在智慧能效管理应用领域的领先地位，集聚施耐德（北京）中低压电器有限公司、北京利德华福电气技术有限公司、北京京港地铁有限公司、清华大学能源互联网创新研究院、北京市电气安全技术研究所等科研机构，联合搭建智慧能效应用技术产业链校企研合作平台，支撑人才培养、技术服务和社会培

训等。北京电子科技职业学院与北京飞机维修工程有限公司（Ameco）合作建立“航空工程技术学院”，合作举办飞机机电设备维修专业、飞机电子设备维修专业，实施“2+1”订单人才培养。北京财贸职业学院和中联企业管理集团有限公司共建“中联智能财税学院”，共同成立“智能财税技术研究中心”和“小企业纳税服务中心”，面向北京城市副中心开展小企业智能纳税服务，合作开发的“智能审计职业技能等级标准”入选教育部第四批“1+X”证书公示名单。

北京高职院校携手龙头企业共建产学研共同体

2. 推广现代学徒制改革试点经验，着力探索北京特色实践模式

北京高职教育认真贯彻落实《教育部关于开展现代学徒制试点工作的意见》，从2014年开始持续推进现代学徒制试点工作，深刻把握现代学徒制试点的内涵，获批教育部三个批次、5个高职学院的试点工作，经历了由试点改革到全面推广的发展过程。北京高职以北京市特色高水平专业（群）、工程师学院等项目建设为引领，推广试点经验，以点带面全面推进现代学徒制人才培养模式改革，着力探索中国特色学徒制“北京实践模式”。试点院校在健全德技并修、工学结合的双主体育人机制、招生

招工一体化、校企互聘师资队伍、多方参与的质量评价机制建设等方面进行深入实践和探索，在推进教师、教材、教法改革以及“校企双主体”育人岗位人才培养模式改革，深化产教融合、校企合作，招生即招工、工学交替双课堂、学校企业双导师等制度和机制建设上，形成了一批可复制、可推广的成功经验和典型案例。表 3 - 3 列出的试点情况供参考。

表 3 - 3　北京市第一、二、三批现代学徒制试点情况（高职）

<table>
<tr><th rowspan="2">序号</th><th rowspan="2">试点单位</th><th rowspan="2">合作专业</th><th rowspan="2">合作单位</th><th colspan="2">试点人数</th></tr>
<tr><th>第一年</th><th>第二年</th></tr>
<tr><td rowspan="6">1</td><td rowspan="6">北京交通运输职业学院</td><td>城市轨道交通运营管理</td><td rowspan="6">北京市地铁运营有限公司</td><td>30</td><td>32</td></tr>
<tr><td>城市轨道交通车辆技术</td><td>30</td><td>30</td></tr>
<tr><td>城市轨道交通通信信号</td><td>18</td><td>22</td></tr>
<tr><td>城市轨道交通工程技术</td><td>29</td><td>8</td></tr>
<tr><td>城市轨道交通机电技术</td><td>30</td><td>20</td></tr>
<tr><td>城市轨道交通供配电技术</td><td>27</td><td>16</td></tr>
<tr><td rowspan="5">2</td><td rowspan="5">北京电子科技职业学院</td><td>机电一体化技术</td><td>博世力士乐（北京）液压有限公司等 6 家公司</td><td>24</td><td></td></tr>
<tr><td>汽车检测与维修技术</td><td>戴姆勒大中华区投资有限公司</td><td>21</td><td>20</td></tr>
<tr><td>数控设备应用与维护</td><td>北京奔驰汽车有限公司</td><td>24</td><td>24</td></tr>
<tr><td>数字媒体艺术设计</td><td>北京捷成世纪科技股份有限公司</td><td>25</td><td>24</td></tr>
<tr><td>环境工程技术</td><td>中持依迪亚（北京）环境监测股份有限公司</td><td>12</td><td>12</td></tr>
<tr><td rowspan="2">3</td><td rowspan="2">北京财贸职业学院</td><td>物流管理专业</td><td>北京安信捷达物流有限公司</td><td>25</td><td>28</td></tr>
<tr><td>金融管理专业</td><td>人银金融信息（北京）有限公司</td><td>50</td><td>30</td></tr>
<tr><td rowspan="4">4</td><td rowspan="4">北京工业职业技术学院</td><td>机电一体化技术专业</td><td>北京市自来水集团有限责任公司</td><td>30</td><td>35</td></tr>
<tr><td>工程测量技术专业</td><td>北京富地勘察测绘有限公司</td><td>23</td><td>14</td></tr>
<tr><td>计算机网络技术专业</td><td>北京中软国际科技服务有限公司</td><td>24</td><td>24</td></tr>
<tr><td>空中乘务专业</td><td>首航环宇（北京）航空咨询服务有限公司</td><td>30</td><td>30</td></tr>
</table>

续表

序号	试点单位	合作专业	合作单位	试点人数	
				第一年	第二年
5	北京劳动保障职业学院	老年服务与管理	北京首开寸草养老服务有限公司、泰康之家（北京）投资有限公司、三河市燕达金色年华健康养护中心、远洋养老运营管理有限公司	55	32
		安全技术与管理	北京市燃气集团有限责任公司	62	65
		劳动与社会保障	区县社保中心、12333 中心	69	66
6	北京农业职业学院	物流管理专业	北京物美商业集团股份有限公司	15	0
		工商企业管理专业	农芯科技（北京）有限责任公司、北京必胜客比萨饼有限公司	31	26
7	北京信息职业技术学院	电子信息工程技术专业（微电子方向）	北京燕东微电子公司	15	35
8	北京经济管理职业学院	应用电子技术	国富瑞数据系统有限公司	27	22
		宝玉石鉴定与加工	北京博观经典艺术品有限公司	17	21
		机电一体化技术	北京燃气能源有限公司	45	42
总计				868	790

案例 3-10 以教育部现代学徒制试点为引领，探索校企合作育人新途径

北京经济管理职业学院作为教育部第三批现代学徒制试点院校，宝玉石鉴定与加工、机电一体化、应用电子三个专业进入试点专业目录。学校与国富瑞、北京燃气等大型国有企业及北京博观经典艺术品有限公司的玉石雕刻领域“天工奖”获得者分别合作培养大数据中心运维人才、冷热电三联供设备运营专业人才和玉石雕刻技艺传承人才。企业投

入经费累计128.5万元，联合招生200多人，校企双师团队还共同编写了《数据中心基础设施运维工程师教程》和中国通信企业协会《数据中心基础设施运维工程师》职业资格评价规范等成果。北京信息职业技术学院与北方华创公司等企业合作开展现代学徒制人才培养，为学生实现高质量就业提供有力支撑，2020年，通过招生即招工合作培养学生360名，占学校毕业生就业总数的22.5%，毕业生转正后平均税前起步年薪为7.3万元。

3. 全力打造示范性职教集团建设，深入提升校企协同育人水平

为进一步提升产教融合度，促进教育链、产业链、人才链、创新链有机融合，北京市大力支持职教集团建设。2020年，北京市深入落实《国家职业教育改革实施方案》《职业教育提质培优行动计划（2020—2023年）》《教育部关于深入推进职业教育集团化办学的意见》等文件精神，指导北京政法职业学院完成北京退役军人职业教育集团组建工作，要求各职教集团进一步完善职业院校治理结构，扎实有效开展实验探索，全面增强职业教育集团化办学的活力和服务能力。职教集团牵头高职院校以换届为契机持续对接产业布局调整，吸纳新的成员单位参与其中，聚拢更多院校和人才资源，深入开展专业联盟建设、校内外产教融合型实训基地建设，搭建校企协同育人平台，深入推进校企协同育人，创新集团化运行办学模式，推动集团化办学向纵深发展。高职院校以建设培育示范性职业教育集团（联盟）为新起点，把建设示范性职业教育集团（联盟）作为深化产教融合、校企合作的重要抓手，以服务发

展为宗旨、促进就业为导向，以完善现代职业教育体系为引领，以提高技术技能人才培养质量为核心，进一步激发职业教育办学活力，促进优质资源开放共享。北京市自 2011 年立项支持集团化办学以来，由高职院校牵头的职教集团达到 15 个，在 2020 年 10 月，教育部公布第一批示范性职业教育集团（联盟）培育单位中，北京市有 7 家入选，其中高职院校 5 家，见表 3－4。

表 3－4　北京市入选教育部示范性职教集团名单（高职）

序号	牵头单位	集团名称
1	北京交通运输职业学院	北京交通职业教育集团
2	北京财贸职业学院	北京商贸职业教育集团
3	北京电子科技职业学院	北京现代制造业职业教育集团
4	北京信息职业技术学院	北京电子信息职教集团
5	北京劳动保障职业学院	北京人力资源服务职业教育集团

案例 3－11　不断完善职教集团运行机制，开创集团化办学新格局

北京交通运输职业学院牵头建立的“北京交通职业教育集团”在深化建设中，主动服务京津冀协同发展战略，通过组建区域性交通特色职业教育集团联盟，进一步整合区域内交通职业教育资源，组建了“京津冀沪宁晋川”交通职业教育集团联盟。以联盟内部物流、汽车、路桥、城轨以及思政五个专业委员会为抓手，以建设国家级示范性骨干职教集团为目标，通过搭建“线上＋线下”相结合的“互联网＋”联动育人平台，深化办学体制机制改革，推进现代职业教育体系建设。强强联合，服务京津冀交通协调发展。北京经济管理职业学院牵头成立的北京数字经济职教集团汇集众多数字经济领域领军型企业，并在集团内设立数字

经济产教融合发展基金，和世界最大的教育服务机构 ATA（全美在线）集团合作，创立了 BIEM-QM 数字经济国际创新学院，构建人才培养、教学科研、实训学习、社会服务于一体的全方位、多层次协调发展的共同体。

（四）教师队伍

2020 年，北京市全面落实中共中央、国务院《关于全面深化新时代教师队伍建设的意见》和教育部、财政部《关于实施职业院校教师素质提高计划（2017—2020 年）的意见》精神，以北京市教育委员会《北京市职业院校教师素质提升计划（2017—2020 年）》为指导，依托北京市相关人才政策，搭建各种教师成长平台，促进教师综合素质的提升，特别是在制定教师队伍建设标准、构建教师队伍建设体系、加大师德师风建设等方面取得了一定成绩。

1. 按照“四有好老师、四个引路人”标准，加大师德师风建设

2020 年，北京市教育委员会研究制定了师德师风建设标准（10 条），把师德师风作为评价教师队伍素质的第一标准。北京高职院校按照“四有好老师”和“四个引路人”标准，加大师德师风建设力度。积极倡导教师思想道德与职业能力协调发展，具有健康体魄、健全人格、

阳光心态、辩证思维、家国情怀、国际视野，做懂得教育教学规律的行家里手。通过强化师德师风建设考核评价制度和信用体系，构建“以师德建设为核心”的教师评价导向机制，实施师德考核“一票否决制”；通过课程思政、德育工作专项培训以及评优表彰等多措并举，加强和推动师德师风建设，成效明显。

案例 3－12 强化“师德师风”考核评价体系和制度建设

北京电子科技职业学院结合“双高”建设，进一步建立健全学校师德师风考核评价体系，出台《教职工思想政治素质及师德师风考核评价实施办法》，在教职工聘用、晋职晋级、评奖评优工作中严格把好政治关、师德关；北京财贸职业学院加强制度建设，修订了“三优两师”评选文件，构建了较为完善的制度体系；北京培黎职业学院以师德建设为核心，制定《北京培黎职业学院教师师德考核办法》，建立师德评价体系和师德目标的导向机制；建立教师师德档案制度，将师德表现作为教师职务晋升、岗位聘任、年度考核的首要内容，实行师德考核“一票否决制”；北京经济管理职业学院加快完善师德师风建设各项制度，建立师德师风信用体系，规范教师从教行为。

2. 制定教师队伍建设系列化标准，全面构建教师队伍建设体系

2020 年，北京市持续加强教师队伍建设，组织相关专家、学者和院校管理人员进行论证分析，梳理归纳新时代首都职业教育教师的使命

与责任，调研教师队伍建设的影响因素、功能特征、培养培训方法和路径等问题，制定了师德师风建设标准、师资配置与管理标准、教师能力建设标准等，全力构建教师队伍建设体系。同时，北京市教育委员会依托国家级职教师资培养培训基地、北京市相关教师培训基地等多种形式，有计划、分层次落实教师培养与培训的具体内容，完善各类教师群体的培养标准和培训方式。比如落实新教师培养和培训计划，把好教师入口关，扣好职业生涯“第一粒扣子”，新教师培训包括校园文化、职业理想、教育理论、教学技能以及课堂教学常规等内容。此外，进一步完善高层次人才引进标准与培养方式，引导其不断更新教师理念、学习新技术应用、提升教学科研能力，保持其教学与科研能力优势。

案例 3－13 专题培训表彰多措并举，促进师德师风建设落地落实

北京政法职业学院大力开展评先选优，树立典型，以榜样力量推动师德师风建设，以榜样示范作用促进“四有好老师”教育实践活动深入开展，表彰了从教三十年教师以及各级各类大赛获奖教师共计 60 余人；北京戏曲艺术职业学院推进学院德育建设水平，加强师德师风建设，召开德育工作培训会及新聘任班主任培训会；北京农业职业学院开展“厚植爱国情怀　涵育高尚师德，加强新时代教师队伍建设”主题教育活动，组织 50 名教师在线学习 2～3 个月，共计完成 1 750 人时。确定了“铸根京郊”农职特色师德核心价值观，评选新一轮 12 名师德榜样。

3. 开展"双师型"基地建设和教师认定，助力双师型教师培养

2020年，北京市教育委员会加快构建具有首都职业教育特色的"双师型"教师队伍建设，出台《关于开展校企合作的"双师型"教师培养培训基地遴选工作的通知》，积极开展校企合作的"双师型"教师培养培训基地建设和"双师型"教师认定培训工作，促进"双师型"教师素质全面提升，探索"双师型"教师队伍建设长效机制。各高职院校积极响应，经评审确定了20个企业实践基地和15个"双师型"教师培养培训基地（表3-5列出了其中的10个基地），进一步发挥高职院校的主体作用。依据《北京市职业院校"双师型"教师认定办法（试行）》，各高职院校进行了自查、自认、自评、自培，积极开展"双师型"教师认定和培训工作。

表3-5 北京高职"双师型"教师培养培训基地

序号	单位名称	专业
1	北京工业职业技术学院	会计
		云计算
		建筑
		机电一体化
2	北京电子科技职业学院	电子信息工程
		艺术设计
		生物技术与大健康
		汽车制造与技术服务
		先进制造
3	北京财贸职业学院	财务会计
		金融
		智慧商业
		旅游
4	北京经济管理职业学院	数字财金
		人工智能

续表

序号	单位名称	专业
5	北京信息职业技术学院	计算机
6	北京交通运输职业学院	道桥
		轨道交通
		汽车
7	北京农业职业学院	园艺技术
		动物医学
8	北京劳动保障职业学院	人力资源和社会保障
		老年服务与管理
9	北京社会管理职业学院	健康养老
10	北京汇佳职业学院	学前教育

此外，北京市统筹已有教师培养培训基地，建立培训层次高、专业覆盖面广的“双师型”教师培养培训体系，对接“1＋X”证书制度试点和职业教育教学改革需求，探索适应职业技能培训要求的教师分级培训模式，开展“双师型”教师专业技能培训等项目。2020 年，北京高职院校有 6 项成果入选首批高等职业学校“双师型”教师队伍建设典型案例和首批高等职业学校“双师型”教师个人专业发展典型案例。

案例 3－14 依托国培基地和国培项目，加大“双师型”教师培养和认定

北京工业职业技术学院统筹已有的两个国家级培训基地和四个北京市级校企合作“双师型”教师培养培训基地资源，形成了培训层次高、专业覆盖面广、师资力量雄厚的“双师型”教师培养培训体系，积极面向全国和北京市开展“双师型”教师培训，对接“1＋X”证书制度试点和职业教育教学改革需求，探索适应职业技能培训要求的教师分级培训模式，致力于培育具备职业技能等级证书培训能力的职业院校教师。2020 年，机电类、测绘类两个国培基地组织开展了三期培训活动，培

训内容紧跟行业发展前沿，获得参培教师一致好评。

北京劳动保障职业学院开展有针对性的“双师型”教师认定工作，推行“一人一案”，提升“双师”比例。学院成立认定工作领导小组，开展教师基本信息采集、建立认定档案，针对部分专业课教师未满足认定条件的实际情况，制定“一人一案”的“双师型”教师培养工作，不断提升“双师”比例。北京政法职业学院组织专门人员按照“双师型”教师的内涵和认定对象进行材料收集，对符合认定的专业课教师提交的支撑材料和附件逐一审核，重点审核职业技能资格证书以及行业企业从业经历，通过一系列具体细化的有效措施，使学院“双师”资格认定工作做到严肃、高效、公平、公正。

北京农业职业学院园艺技术创新团队先后与首农西郊农场有限公司、北京鲜花港投资发展中心等北京市龙头企业合作建成师资培训及教师社会实践“双基地”，形成了“企业为主、学院参与、共建双赢”的管理运行机制。为提升“双基地”建设水平，园艺技术创新团队按照产教融合、校企合作理念，突出立德树人新要求，与行业领军企业深度合作，以都市园艺行业新技术、新标准、新理念为载体开展教师培养培训基地建设。2020 年，团队有 12 名中青年教师进行企业社会实践，团队成员荣获国际特等奖 1 项、国际金奖 4 项、国际银奖 3 项等多个奖项。

4. 扎实推进教师素质提升计划，持续优化教师发展环境和平台

2020 年，北京高职院校积极落实《北京市职业院校教师素质提升

计划》，积极营造有利于教师素质提高的政策环境，搭建各种有利于教师成长的平台。聚焦学校“双高”“特高”项目，统筹国家级、市级和校级三级人才项目，探索多元化发展培养路径，打造教师发展中心平台，发挥各自院校的特色和优势，持续优化教师发展环境和平台。实施人才强校和素质提高计划，开展专业骨干教师研修学习活动。开展各类校本培训和双师素质培训，举办符合教师发展需要的培训，分学科、分专业、分领域开展经验交流、现场教学观摩和教师教学培训等活动。建立“基于产教结合”的企业实践培训模式，派遣教师参加企业实践，开发教学案例，并同企业开展科研课题等。北京市通过实施教师培训计划和高水平教师队伍建设支持计划，实现市、校两级协同互动，完善职业院校吸引人才、培养人才和使用人才的体制机制改革，合理调整和优化教师结构。通过经费保障机制、激励机制、申报制度和绩效考评与审计制度，推动计划顺利、持续和高效实施，取得了可喜的效果。2020年，“北京市职业院校教师素质提升计划”高职院校特聘专家计划项目8个、职教名师16人、专业带头人22人、优秀青年骨干教师99名，专业创新团队16个。

案例3-15 探索多元化发展培养路径，搭建教师发展平台

北京交通运输职业学院探索多元化发展培养路径。针对不同教师能力范围，有计划开展校本培训+企业实践+机构培训的“三元培训”。通过深化校校合作、校企合作平台交流，突出每一类培训的课程特点，有重点地进行多层次培训，有计划地提高教师的专业能力。建立“基于产教结合”的企业实践培训模式；北京经济管理职业学院出台《高层次高技能人才引进管理办法》，以高职院校“高等性”和“职业性”并重

的人才需求为导向划分人才类型和层次，构建了编制内引进、合同制引进和项目制引进三种用人机制和多元化的薪酬体系。北京工业职业技术学院首次启动教师队伍建设支持计划，聚焦学校双高、特高项目，统筹国家级、市级和校级三级人才项目，分层级打造高水平“双师型”教师队伍，打造结构合理的人才梯队，选拔优秀人才、组建优秀团队，形成学校师资队伍建设长效机制。

5. 培育教学科研创新团队，促进科研成果反哺教学和社会服务

为提升职业院校服务北京发展战略和北京城市发展能力，服务“四个中心”建设，北京市以“北特高”和国家“双高”计划建设为抓手，努力培育教学创新团队和科研创新团队建设，提高科研成果反哺教学能力和科技创新技术服务能力。参照教育部教师教学创新团队评选标准，培育国家级专业创新团队，打造市级专业创新团队，开展校内教师教学创新团队的遴选培育工作，面向职业教育前沿热点问题开展研究。

案例 3-16 十年磨一剑，打造国家级职业教育教师教学创新团队

北京工业职业学院机电一体化技术专业教师教学创新团队汇集了学校机电一体化、工业机器人技术领域的主要教学骨干。团队先后被评为国家级优秀教学团队、北京市优秀教学团队、北京市学术创新团队、北京市专业创新团队、北京市“德育先进集体”和北京高校创先争优先进

基层党组织。为适应“互联网+”的教学模式改革需要，机电一体化专业教学创新团队参与建设机电一体化技术等 2 个国家教学资源库，建成了 2 门国家级精品课、5 门省部级精品课、14 门线上线下（O2O）课程，为学生搭建了多终端的学习平台，为专业教学提供了丰富的教学资源。

6. 建立三级教学能力竞赛机制，以竞赛促进教师教学能力提升

为有效推进“三教”改革，北京市坚持“以赛促教、以赛促学、以赛促研、以赛促改、以赛促建”的总体思路，建立三级教学能力竞赛机制。以教师教学能力比赛为抓手，强化教师教学设计、教学组织、教学方法、信息化教学手段等教学基础能力的培养，推行“三有”课堂教学，促进教师综合素质、专业化水平和创新能力的全面提升。同时，各院校注重开展信息化教学培训活动，使教师能够运用云班课等信息化教学工具、方法和手段进行线上线下混合式教学，提高了教师信息化运用能力，提高课堂教学效率，也为学生创造了更加广阔的学习空间。2020 年，北京市组织开展市级职业院校技能大赛教学能力比赛，并从 191 项市赛获奖课程中选派 20 项组成北京代表队参加国赛，在国赛中北京共有 18 项获奖，获奖率在全国名列前茅。其中，高职院校获得一等奖 5 个、二等奖 1 个、三等奖 3 个，一等奖获奖数量居全国前三，彰显了北京职教师资综合素养水平。

案例 3-17 “以赛促教”为核心，重视教师信息化教学能力提升

北京卫生职业学院重视信息化教学和管理能力提升，积极组织教学骨干参加理实一体化的“信息化教学能力提升培训班”；组织青年教师开展教学沙龙活动，组织全体教师参加全国职业院校教师信息化教学能力提升培训班学习，助力教师在2020年“抗疫”期间快速组织网络教学。学院教师曾在“全国职业院校‘华教杯’教师检验技能竞赛”、“全国食品药品职业教育药品类专业微课比赛”、外研社“教学之星”大赛（高职组）全国复赛中获得一等奖。2020年北京市职业院校技能大赛教学能力比赛中参赛的11个团队全部获奖，其中，5个团队获得一等奖，4个团队获得二等奖，2个团队获得三等奖。首钢工学院重视“赛教结合，以赛促教”，注重把参赛过程中提升的教学设计能力、课件制作能力、课程思政能力、说课能力等运用到日常教学实践，提高“三有”课堂的比例。以教师教学能力大赛参赛课题为基础，共同研究和改革教学内容，开发教学资源，开展教学方法改革，促进教学研讨、教学经验交流，组织开展教学课题研究，并把研究成果转化到教学实践中，形成可持续发展的学习型教学团队，促进改革试点专业和核心课程建设。

（五）教学管理

2020年，北京市教育委员会继续落实“放管服”改革要求，大胆

尝试机制创新和制度创新，加快推进学校治理体系和治理能力现代化建设。北京高职院校以完善现代大学制度为目标，坚持依法办学、以章治校，办学活力不断增强，现代化治理水平不断提升。

1. 制定教学管理通则，提升职业院校办学水平和质量

近几年，北京市一直加大力度进行北京职业教育院校治理，继2018年的北京高职院校课堂教学诊断与改进，2019年的北京市职业院校教学计划诊断与改进工作之后，于2020年开展北京职业院校教学管理通则研究制定工作，管理通则对专业设置与管理、组建专业群、人才培养方案、课程标准、教学常规管理、教学方法与信息资源、教材建设与管理、教师队伍建设、实践性教学、教学质量保障等方面都做了详细的规范、规定和引领，目的是从根本上规范和引领北京职业院校办学水平和办学质量的整体性提高，以适应首都“四个中心”功能定位和新工业革命对高级技术技能人才规格提出的新要求。

2. 强化党委领导核心，落实到办学治校的全过程管理

北京高职院校以党建为引领，强化党委领导核心作用，将党的领导贯彻到办学治校的全过程。各高职院校不断完善党政分工合作、协调运行的工作机制、“三重一大”决策制度、学院常务委员会及校长办公会议事规则等，形成了党委统一领导、党政职责清晰、决策民主科学、工作相互配合、班子团结和谐的工作局面。同时，不断健全完善二级党组织议事决策制度，强化基层党组织政治引领作用，营造了良好的文化环境。

案例 3-18 汲取众智，组建高等职业教育治理体系建设联盟

2020 年 11 月北京财贸职业学院在青岛主办“2020 高等职业教育治理体系建设发展联盟成立会暨高等职业院校治理体系建设论坛”，本论坛为 2020 第五届世界职业教育大会的平行论坛，全国 150 余所高职院校代表参加，论坛活动期间举行了高等职业教育治理体系建设发展联盟揭牌仪式，发布了全国高等职业院校治理体系建设 50 强优秀案例。主办高等职业院校治理体系建设论坛，汲取众智，为北京财贸职业学院建立系统完备、科学规范、运行有效的现代治理体系，推动学校进一步深化改革、创新发展，提升学校治理能力现代化奠定了基础。学校被推举担任高等职业教育治理体系建设发展联盟理事长单位，并获评全国高等职业院校治理体系建设 50 强优秀案例。

3. 开展“留立改废”工作，提升院校现代化治理能力

2020 年，北京高职院校严格落实现代大学制度要求，全面开展规章制度“留立改废”工作，实现用制度管权管事管人，构建科学完善的制度体系。以学校章程为统领，对学校内部管理制度进行全面清理，对与章程不符的规章制度及时修改或废除，对需要建立和完善的制度及时完善，形成了全面从严治党、全面从严治校、全面从严治教、全面从严治学、全面从严治管的学校制度体系和治理结构。学校内部规章制度的完善，支持、保障和规范了行政权力、学术权力、教师权力、学生权力的运行，教学、研发、社会服务及教师发展等机构的高效运行，培训中

心、资产管理中心、校办企业等法人组织的合规、协调、科学运行，使学校办学行为更加规范、办学活力显著增强、办学质量大幅提升，有效促进了教育治理体系和治理能力现代化。

4. 落实“九会”制度，构建院校多元共治的治理结构

2020 年，北京高职院校在继续健全并落实“一章”的同时，不断加强“九会”制度落实，构建和完善多元共治的治理结构。充分发挥理事会对学校改革发展的咨询、指导、监督作用；学术委员会学术事务决策、审议、评定作用；专业建设指导委员会、教材选用工作委员会对教学工作重大事项的审议、评议、指导和咨询作用；专业技术职务评审委员会对专业技术职务评审工作的部署、决策、实施和监督作用；督导评价委员会对教育教学进行监督、检查、指导与评价作用；安全委员会对学校安全稳定工作的组织、谋划、指导和监督实施作用；校院两级教职工代表大会制度在学校治理中的主体作用；学生会组织在学生自主管理能力建设上的主体作用。

5. 疫情期间严格监督与服务，保障教学工作平稳有序

为应对新冠疫情对教育教学带来的冲击和影响，北京高职院校按照教育部、北京市教育委员会“停课不停教、停课不停学”的工作要求，创新工作管理方式，把疫情对学生学业的影响降到最低，统筹抓好疫情防控和人才培养工作，保证教学正常运行。坚持开展一线监督检查，实现全天候监督不间断，扎实做好疫情防控专项监督；针对线上教学管理隔空难等问题，创新线上教学管理工作机制，成立教学督导服务组，保

障教育教学工作平稳有序进行。

案例 3-19 疫情期间“停课不停教、停课不停学”工作

疫情期间，北京信息职业技术学院详细制定了《北京信息职业技术学院远程教学工作方案》《北京信息职业技术学院远程教学质量评价方案》等在线教学工作解决方案，迅速调整教学计划和教学安排，利用“北信在线”教育平台和丰富的网上课程优质教学资源，组织学生开展线上教学活动，运用“北信在线”大数据平台，实时了解远程教学状况，确保了大规模在线教学取得良好效果。2020 年春季学期，学校克服疫情困难，举全校之力，面向 5 142 名学生，开设在线网络课程 1 388 门次，教师在线授课超过 53 355 小时，学生访问量超过 1.9 亿人次，教学管理运行平稳有序。2020 年秋季学期，学校根据教育部、北京市教育委员会关于学生返校复课的要求，在春季学期远程教学的经验基础上，详细制定《2020 年秋季开学返校教学工作专项实施方案》《北京信息职业技术学院远程教学标准》，在狠抓疫情防控的同时，按照“课程教学不停顿，学习内容不断线”的思路，调整教学进度、安排，稳妥实施秋季学期教学任务，补齐不足春季学期的学习内容，保证了“疫情防控和教育教学”两不误，人才培养质量要求不降低。

表 3-6 列出北京部分高职院校的教育教学情况[①]，供参考。

① 2020 年有 4 所高职院校未填报该项数据。

表 3－6　教育教学表

序号	指标	单位	2019 年	2020 年
1	教职员工额定编制数	人	9 917	9 009
	在岗教职员工总数	人	9 142	8 764
	其中：专任教师总数	人	4 799	4 261
2	生师比	—	9.39	14.7
3	双师素质专任教师比例	%	74.85	60.58
4	高级专业技术职务专任教师比例	%	37.06	36.52
5	企业兼职教师年课时总量	课时	207 020	165 436
	年支付企业兼职教师课酬	元	25 275 813.78	18 290 057.96
	其中：财政专项补贴	元	3 880 270.58	2 773 871.6
6	教学计划内课程总数	门	23 594	13 672
	其中：线上开设课程数	门	2 366	6 228
	线上课程课均学生数	人	—	68

（六）信息化水平

2020 年，北京市教育委员会继续推进智慧校园建设，重点推进信息资源开发与应用、信息网络构建、信息技术应用、信息化人才培育、信息化政策完善等方面改革。各院校积极开展数字校园建设、信息化校园管理系统建设，努力构建以学习者为中心的全新信息化教育教学和管理生态。高职院校智慧校园建设和智能化水平全面提升，教师教育教学信息化水平大大提升。

1. 制定信息资源建设标准，支撑院校数字基础建设

2020 年，北京市教育委员会为提高职业院校数字化、现代化建设水平和办学效益，组织专家、学者和院校管理人员对新时代首都职业院

校信息资源建设进行调研、分析、论证，制定了北京职业院校信息资源建设标准，对信息资源建设原则、建设内容、信息资源类课程等的建设等作出了原则性的规定。信息资源建设标准对北京职业院校信息资源建设具有重要的指导作用，各高职院校针对本校实际情况，强化信息化制度建设，为提高学校决策和管理的精准化、科学化水平提供有力的数据支撑，有效满足了学校数字化和现代化建设的需要。

2. 推进职教智慧校园建设，提高教学管理服务能力

北京高职院校通过实施人工智能、大数据应用的智能校园提升计划，综合运用“云计算、物联网、大数据、人工智能”等技术手段助力校园管理智慧化，建设大数据综合治理平台和移动化系统，持续完善智慧校园基础建设，建成以网络化、数字化、智能化等为特征的智慧教育环境，推动信息技术与教学的深度融合。北京高职院校积极推进信息技术在课程教学和教育管理中的应用，运用新型多样信息化教学手段，打造现代信息化教学课堂，发挥信息技术对教育综合改革的支撑引领作用。同时，加快建设专业课程配套的虚拟仿真实训系统、数字化实训基地等，充分开展“线上线下混合式”教学模式的探索与改革。

案例 3-20 落实智慧校园建设，提升信息化应用水平

北京农业职业学院着力从提升基础能力、推动数据治理、加快应用开发三个方面，提升信息化建设与应用水平。2020 年学院投入财政资金 350 余万元实施安全和存储设备采购及南校区光缆改造项目，引入新一代安全综合运维管理平台、WEB VPN（访问控制系统）以及高校网

络安全态势感知系统，新增存储容量 100TB，并对南校区各主要楼宇间的光纤链路进行了更新，有效提升了网络稳定性和信息安全管控能力。完成智慧农职服务大厅项目建设，为实现“数据一张表管理，事务一站式办理，服务跨部门打通”构建了基础平台和服务门户。以“数据治理、流程创新、门户统一”为着力点，加快信息服务公共能力开发，为管理与服务创新不断赋能，服务大厅上线应用 40＋，企业微信表单流程 60＋，并已具备轻应用的开发与服务能力。人事、财务、教务等部门在工资、报销、危化品管理等方面的业务平台建设也得到进一步加强。

3. 应对新冠肺炎疫情挑战，线上平台护航教学运行

2020 年，面对突发的新冠肺炎疫情，北京高职院校按照教育部、北京市委市政府关于加强新型冠状病毒感染的肺炎疫情防控工作要求，及时制定和发布《疫情防控及延期开学工作方案》《疫情防控期间教学调整与管理工作方案》《疫情防控及延期开学教学工作方案》等相关文件，积极应对新冠疫情挑战。推动线上平台在线教学开展，采取集中培训、实时答疑等方式，帮助教师尽快掌握线上平台操作方法、线上教学方法技巧等内容，有效保障了线上教学的顺利进行。从春季学期到秋季学期，北京高职院校灵活开展教学组织与管理，保证“停课不停教，停课不停学，学习不延期”，顺利完成全年教学任务。

案例 3-21 应用网络信息化技术，疫情期间实现“停课不停学”

首钢工学院应用网络信息化技术，为教育教学保驾护航。学校重点依托自主开发的 Tronclass（简称畅课）平台，按照项目载体化教学理念和新的教学方法，重新优化课程设计，转化为数字课程资源，并能够支持常规多媒体教学和网络环境学习的需要。2020 年，完成畅课学习平台升级，疫情期间师生在家教学期间，畅课网络学习平台日均在线学习人数达 2 800 人，日均访问量 23 万次。目前学习平台上共有 395 名教师入驻使用，建立网络课程 2 131 门，存储总量达到 11TB（数据截至 2020 年 10 月），总访问量 2 175 万次。圆满完成了全院师生疫情防控期间“停课不停学”的网络教学保障任务。同时，学校利用“今日校园”手机 App，辅导员利用学生请假、核验请假、学生通知、活动报名、信息收集、查寝、签到、辅导员工作日志、学生报告等日常管理模块，学生通过手机 App 自主完成每日健康信息上报，每日健康上报率超过 99%。通过数据分析，学校可全面了解学生体温健康情况，极大提高了学校精准防疫管理能力。学生外出离校可直接手机填写申请。

四、政策保障

（一）政策引领

1．研判疫情发展形势，精准及时制定实施高职院校防控政策

面对突如其来的新冠疫情，北京市教育委员会科学研判疫情发展形势，积极部署高职院校疫情防控工作，及时制定疫情防控相关政策，确保学校教育教学工作有序推进。为确保疫情期间高职院校“停课不停教，停课不停学”，基于北京高职院校举办单位多、考试类别较多、办学地点分散、学生类型复杂等特点，北京市教育委员会专门制定了《关于做好疫情防控期间职业院校教学调整与管理工作的通知》，从教学进程调整、在线教学组织、教学资源保障、技术支持保障、教学质量监测等多个方面进行指导。随着疫情防控风险级别的调整，北京市教育委员会积极组织高职院校做好返校复课的相关准备工作，专门制定了《职业院校有序返校复课》的通知文件，为高职院校的常规防控、教育教学等工作提供了指导。此外，北京市教育委员会还积极关注疫情防控对学校办学的影响，提供针对性政策指导，比如通过大数据研判职业院校毕业年级和非毕业年级返校信息，创建了职业院校视频会议系统，深入院校基层开展调查研究等，了解学校疫情防控、返校复课的实际需求，提供分类指导。

2. 贯彻落实国家政策，努力转化为北京高职政策与行动实践

2020 年，北京市继续深入贯彻落实国家“职教 20 条”意见，推进中央深化职业教育改革重大制度设计的有序落地。陈吉宁市长专门召开高职院校的校长座谈会和市政府专题会议，研究深化职业教育改革工作，审议通过北京市《深化职业教育改革若干意见》。同时，北京市积极落实教育部等九部门联合印发《职业教育提质培优行动计划（2020—2023 年）》，承接任务数 45 项，预计总投入经费 448 645.91 万元。根据国家“职教 20 条”改革部署政策要求，北京市教育委员会努力转化为高职院校的具体落实和实践行动，逐步形成因地制宜、比学赶超的工作格局，整体推进职业教育提质培优。此外，北京市教育委员会积极落实教育部关于印发《职业院校教材管理办法》的相关政策，制定了北京市职业院校教材管理办法、职业院校教材建设规划、职业院校选用境外教材管理办法等政策文件，全面指导监督各个职业院校的课程教材管理、建设和使用工作。

3. 加强部门统筹协调，联合出台深化职业教育改革若干意见

为贯彻落实《国家职业教育改革实施方案》，实现首都职业教育“高质量、有特色、国际化”发展，2020 年 6 月，北京市教育委员会、北京市发展和改革委员会、北京市人力资源和社会保障局、北京市财政局联合印发《关于深化职业教育改革的若干意见》。北京市政府专门组

织召开职业教育工作推进会，总结职教改革实践经验，对深化职教改革若干意见进行重点解读，全面部署职业教育改革发展的重点任务。该意见聚焦当前北京市职业经验发展的重点难点问题，探索体制机制上的有效突破，提出一系列促进北京职业教育更好更快发展的政策，包括优化职教布局、完善职教体系、深化产教融合、创新培养模式、加强社会培训、培养师资队伍、建设智慧校园、推进国际合作等多个方面。比如在优化职教布局方面，提出面向津冀、对口支援及周边省份适当增加招生计划，在高精尖产业和人才紧缺专业增加人才供给；在完善职教体系方面，稳步推进“职教高考”改革和“贯通培养”改革；在深化产教融合方面，遴选认定一批产教融合型企业，给予政策激励，落实税收优惠政策等。

4. 加强“双师”型教师培训，制定“双师型”教师认定办法

2020 年，北京市教育委员会全面贯彻落实《关于全面深化新时代教师队伍建设的意见》和《深化新时代职业教育“双师型”教师队伍建设改革实施方案》措施，以《北京市职业院校教师素质提升计划（2017—2020 年）》为指导，依托北京市相关人才培养政策，着力加强“双师”型教师队伍建设，全面提升高职院校教师综合素质。此外，北京市教育委员会专门印发《关于开展校企合作“双师型”教师培养培训基地遴选工作的通知》，旨在推进北京市职业院校“双师型”教师培养培训基地建设，建立高质量、有特色、覆盖广的职业院校教师培训体系。北京工业职业技术学院、北京电子科技职业学院等 10 所高职院校的相关专业入选首批校企合作“双师型”教师培养培训基地。与此同

时，北京市教育委员会专门印发《北京市职业院校“双师型”教师认定办法（试行）》，明确了具体的认定内容、认定条件及认定工作机制等要求，有效适应了当前北京市双师型教师队伍建设的要求，各高职院校也进行了自查、自认、自评、自培等工作。

（二）专项支持

1. 强化政策落地成效，扎实开展“1+X”证书制度试点

2020年，北京市教育委员会进一步落实《教育部办公厅等三部门关于推进1+X证书制度试点工作的指导意见》要求，有序推进北京市“1+X”证书制度试点工作，并将其纳入职教改革重点任务，加强组织管理、统筹协调并及时解决试点工作中遇到的问题。一是在北京开放大学设立北京市“1+X”证书制度试点工作协调推进办公室，与学分银行建设统筹推进，并组织专家对第一、二批“1+X”证书考核成本开展论证；二是加快职业院校与行业企业对接，有序组织不同院校试点工作，25所高职学校130个专业参与145个“1+X”证书试点，试点学生47 315人；三是畅通与培训评价组织的业务联系，规范有序推进试点工作，2020年协调财政经费505万元开展师资培训，依托北京市职教师资培训基地开展试点院校教师培训，与教育部职教中心研究所联合组织试点工作研讨会。

2. 加大支持力度，助力“双高”“特高”项目建设

2020 年，北京市高度重视“双高校”和“特高校”建设工作，采取有力措施推动两类学校的高质量发展。一方面，指导北京电子科技职业学院等 7 所“双高校”按照教育部要求，进一步完善国家双高项目任务书并启动建设；指导 7 所高校对标国家建设方案要求，以高起点、高标准、高质量制定学校建设方案，并明确项目建设的时间表和路线图以及绩效考核评价等内容。另一方面，北京市继续开展北京特高项目建设，稳步推进首批骨干特色专业、工程师学院和大师工作室建设，完成第二批 51 个专业、50 个“两师”项目的评议立项工作，同时，进一步推进项目建设学校履行建设主体责任、完善建设方案，认真执行各项建设任务，确保项目建设取得预期成效。

3. 继续优化贯通培养，推进“3＋2”中高职衔接办学

2020 年，北京市继续按照“做精做简”的原则，持续优化高端技术技能人才贯通培养院校和专业建设，改革外培班培养模式，成功化解外培项目风险舆情，艰难破解德法项目学生赴外难题。2020 年，完成首届贯通培养项目 1 817 名内培学生转段到本科，完成贯通培养招生 3 045 人。同时，为拓宽高素质技术技能人才发展通道，强化职业教育服务北京市经济社会发展的能力，北京市积极推进“3＋2”中高职衔接办学，发挥集成优势、统筹中高职资源，加强与首都经济社会发展紧密契合的高素质技术技能人才系统培养。截止到 2020 年 12 月，共计实现中高职衔接办学 379 对，衔接专业覆盖率 75.1％，成为中高职统筹发

展的重要路径。此外，为进一步提升人才培养质量，北京市加快推动职业教育专业结构布局与市场需求契合，聚焦首都经济社会和产业发展重点领域增设相关专业，高职院校新增专业 47 个，撤销调整专业 7 个。

4. 优化财政资金配置，有效保障高职发展经费需求

2020 年，在北京市政府带头过好“紧日子”的大背景下，尤其是突如其来的新冠疫情对经济冲击，北京市教育委员会进一步加强财政预算管理、压缩非刚性支出，持续对职业教育的重点改革项目给予经费支持。北京市教育委员会采取有力措施保障了高等职业教育发展的基本经费需求，稳定北京高职教育经费投入，北京高职院校生均财政拨款增至 6.2 万元，年生均财政拨款远超全国平均水平，持续领先全国同类院校，相关情况见表 4-1。2020 年，专项经费占财政性教育经费投入降至 13.7%的水平，仍然为北京市“双高计划”院校建设、“特高计划”实施、骨干专业建设、现代学徒制试点、工程师学院、高端人才贯通培养等改革项目提供有效支持。

表 4-1 办学条件表

序号	指标	单位	2019 年	2020 年
1	生均教学科研仪器设备值	元/生	64 308.57	62 936.53
2	生均教学及辅助、行政办公用房面积	m^2/生	48.15	34.70
3	生均校内实践教学工位数	个/生	1.11	1.10
4	年生均财政拨款水平	元	60 139.39	62 292.99
	其中：年生均财政专项经费	元	15 509.31	8 522.61
5	企业提供的校内实践教学设备值	万元	3 626.25	4 187.11
6	年生均校外实训基地实习时间	人时	—	—
7	生均企业实习经费补贴	元	—	—
	其中：生均财政专项补贴	元	—	—
8	生均企业实习责任保险补贴	元	—	—
	其中：生均财政专项补贴	元	—	—
9	主要办学经费来源（单选）：省级（ ）、地市级（ ）、行业或企业（ ）、其他（ ）。			

（三）质量保障

1. 健全教学管理制度，制定教学质量保障相关政策

2020 年，北京市教育委员会不断完善高职院校相关任务管理办法，落实《北京市职业技能提升行动实施方案》，会同市人社局、财政局研究推进学历教育与培训并重的职教可持续发展的相关政策制度，提升职业技能培训的覆盖面和实效性。为进一步提升职业教育教学质量，北京市教育委员会组织制定了《北京市职业院校教学管理通则》，包括专业设置、人才培养方案制订、课程标准制订、教学运行、信息资源建设、教材建设、教师队伍建设、实践教学、校企合作、教学质量保障等十章内容。教学管理通则的制定，将有效推进职业院校遵循职教类型教育规律，规范技术技能人才培养的教学管理过程，推动北京市职业教育高质量发展。此外，为积极适应现代信息技术教学应用的新要求，北京市教育委员会组织职业院校优秀骨干教师、企业专家共同开发优质在线课程，并积极推进校际间优质实训资源共享，构建新型教学模式及教育供给方式，有序推进“互联网＋职业教育”工作。

2. 加大质量监测力度，完善教育教学质量监控体系

2020 年，北京高职院校持续完善教育教学质量监控体系建设，优化常态化自我诊断与改进机制，把教学各个关键环节的质量标准与全

过程质量监控相结合，形成多主体共同参与质量评价、反馈与改进的工作机制。各学校持续开展教学和管理服务体验的学生满意度调查，对学生满意度较低的调查项目进行专项分析，提出整改方案。2020年，北京高职院校对全日制一二年级在校生进行抽样调查，对思想政治课的满意度95.38%，对公共基础课的满意度为95.01%，对专业课教学的满意度为95.39%。与2019年相比，2020年北京高职院校学生满意度比较稳定，反映出高职学生对学校教育教学质量的认可度比较好。

3. 完善政策保障措施，做好疫情期间毕业就业工作

2020年，为有效应对疫情对高职毕业生就业影响，北京市教育委员会转发《教育部关于应对新冠肺炎疫情做好2020届全国普通高等学校毕业生就业创业工作的通知》，结合北京市实际补充了针对性的工作要求，组织各高职院校积极落实。同时，为最大限度降低疫情对毕业生就业影响，北京市教育委员会联合北京市人力资源和社会保障局制定了《关于做好疫情防控期间本市高校毕业生就业工作的通知》，开展高校毕业生就业“暖冬”计划，包括暂停现场招聘活动、开展线上就业服务、简化优化就业手续、推迟业务办理时间等具体措施。此外，北京市教育委员会积极创新就业服务方式，多渠道挖掘就业岗位，通过就业信息网、“成功就业”订阅号等多种渠道推送就业创业信息，对于有就业困难的学生，组织生涯规划指导老师、创新创业导师等，严格落实“一生一策”等保障措施。

4．坚持积极面向社会，做好高职质量年报公开评议

根据《国家职业教育改革实施方案》和教育部对高等职业教育质量年报编制要求，北京市教育委员会每年发布关于做好北京市高等职业教育质量年度报告编制、发布和报送工作的通知，要求全市所有独立设置的高等职业院校必须编制、发布和报送高等职业教育质量年度报告。学校将质量年报发布在学院门户网站，向学生、家长、用人单位以及管理部门等社会各界公开，接受社会各界的监督与评议。

（四）职教宣传

1．聚焦防疫发展形势，加强高职学生的思政教育

2020年，北京市教育委员会深入贯彻落实习近平总书记重要讲话和全国高校思想政治工作会议精神，牢牢把握立德树人根本任务，坚持正确政治方向，专门制定《北京市深化新时代学校思想政治理论课改革创新行动计划》，把思想政治教育贯穿高职人才培养体系，着力构建具有职业教育特色的“三全育人”格局。一方面聚焦防疫发展形势，指导职业院校结合专业特色采取线上主题班会、爱国主义第一课等形式，采用绘画、短视频、手抄报、音乐创作等方式，表达师生爱党爱国热心、抗疫必胜信心、报效祖国决心，让学生得到科普、诚信、生命健康等教育；另一方面，组织专家组深入职业院校开展第四批德育“一校一品”

创评工作，不断创新首都职业院校思想政治和德育工作方式，实现思想政治和德育工作的有效衔接，整体提升职业教育德育工作水平。

2. 扩大职教社会影响，持续组织职业教育活动周

2020 年，北京市继续做好职业教育改革成果宣传工作。根据《教育部等十部门关于做好相关工作的通知》要求，北京市持续开展 2020 年职业教育活动周活动，全面宣传、展示北京职业教育在新冠疫情防控、助力复工复产、促进就业创业等方面的工作成效，弘扬工匠精神，促进改革创新，营造崇技尚能、全民学习的浓厚氛围，进一步增强职业教育的社会影响力和贡献力。2020 年，北京市职业教育宣传周主题为：全民智学促治理，素质提升增效能。活动周期间主要开展了职业教育宣传教育、展示推介职业教育资源、促进产教深度融合、组织职业院校风采视频展播、参加全国职业院校技能大赛改革试点赛等五大方面内容。通过专题网站、线上展厅、慕课资源、在线答疑交流、网上专题研讨会等方式，面向广大市民和中小学生展示和提供职业教育资源，组织形式多样的线上“职业体验活动”，为市民和中小学生了解职业教育创造条件。

五、国际合作

2020 年，北京市持续提升高等职业教育国际合作水平，不断扩大高职国际影响力。多个海外办学项目取得实质性进展，国际联盟提升北京职教国际化水平，合作办学不断拓展新领域，“留学北京”迈入质量提升新阶段，“服贸会”搭建国际交流新平台。

（一）海外办学

1. 深入推进海外办学项目，持续扩大北京高职国际影响

一是埃中应用技术学院与在埃国际企业开展多领域合作。由北京信息职业技术学院、埃及苏伊士运河大学和埃及 MEK 基金会合作共建的埃中应用技术学院，是北京市高等职业教育首个海外办学项目。自 2018 年建成招生以来，其影响力在埃及国内持续扩大。2020 年招生 106 人，超额完成招生计划，目前在校生已达 284 人。与此同时，许多国际知名企业主动联系埃中应用技术学院，积极寻求多领域合作。截至 2020 年底，埃中应用技术学院已与华为（埃及）公司、阿拉伯工业化组织达成合作意向，学院为企业提供订单培养和员工培训，企业接收学生实习实训，并为学生提供相关就业岗位。

二是中泰合作项目取得积极进展。自 2019 年 5 月，北京农业职业学院泰国分院在泰国披集建成以来，中泰合作项目取得积极进展。中泰双方合作制定了以“泰国需求导向＋北京都市农业”为特色的人才培养方案，并将中国园艺技术专业教学标准应用于泰国分院专业课教学。2020 年，鉴于中泰合作项目在培养泰国农业急需人才方面的突出贡献，

北京农业职业学院泰国分院获得泰国教育部职业教育委员会和泰国“一带一路”基金会颁发的“2019 中泰职业教育合作突出贡献奖”，“中泰农业职业学院人才培养项目”被评为“中泰职业教育合作示范项目”。2020 年 10 月，北京财贸职业学院与泰国教育部东部职业教育中心、泰国罗勇技术学院合作成立北京财贸泰国罗勇分院。该项目旨在服务在泰中资企业本土会计人才培养需求，合作内容包括汉语培训、专业标准建设、来华留学、师资交流、学生实习实训等。

三是赞比亚分院建设项目稳步推进。中国-赞比亚职业技术学院获得赞比亚当地青年广泛认同。自 2019 年成立以来，招生人数逐年递增，2021 年招生报名更为火爆，截至 2020 年底，报名人数已达 200 余人。在中赞双方教师和管理人员的共同努力下，项目建设稳步推进。2019 年出版 8 本英文教材，2021 年将陆续出版 6 本英文教材。北京工业职业技术学院对来京赞方教师进行教学能力及技术技能培训，帮助赞方提升本土师资力量。

案例 5-1 首家“汉语+职业教育”型独立孔子课堂开班授课

国家汉办批准成立的中国-赞比亚职业技术学院孔子课堂，是我国第一所“以职业教育、职工培训为特色，面向企业员工汉语言文化、工业汉语教学为主要任务”的“汉语+职业教育”型独立孔子课堂。2019 年 11 月，中国-赞比亚职业技术学院孔子课堂谦比希铜冶炼有限公司（CCS）汉语培训班开课，标志着“汉语+职业教育”型独立孔子课堂进入实质性教学阶段，开启了汉语言文化与职业教育同步发展的新航程。目前，北京工业职业技术学院正在开发编写《珠宝设计》和《自动化信息技术》汉语教材，并选派 1 名中方负责人和 5 名汉语教师接受国家汉办的汉语教学岗前培训，考核合格后赴赞开展汉语教学工作。此外，学校还积极做好国际汉语师资储备工作，选派 53 名教师参加国际汉语教师资格证书考试。

2．加强对外双语课程建设，全面推进线上远程教学服务

北京高职院校依托“一带一路”国家人才培养基地建设，结合海外办学项目实际需求，持续开展对外双语课程建设，全面推进线上远程教学服务。北京电子科技职业学院建设完成一批对外双语课程，包括机电一体化专业的《电气控制技术》《机械制图与 CAD》《工业机器人编程操作与维护》《工业自动化设备安装与调试》《自动化生产线安装与调试》等课程，计算机网络与通信技术专业的《物联网技术》《网站建设与开发》《企业网络入门》《无线网络技术》《网络互联技术》等课程。并搭建“国际课程资源平台”，丰富课程传播渠道。北京信息职业技术学院通过“北信在线”教学平台为国外师生提供远程教学服务，2020 年，共完成 39 门课程、4 992 学时的教学任务。

（二）国际联盟

1．完成中英职教合作签约，大力提升北京职教国际化水平

在 2020 中国国际服务贸易交易会中国总部经济国际高峰论坛上，

北京财贸职业学院与牛津城市学院、英国国家创新创业教育中心（中国）签订合作意向书，将与牛津城市学院开设满足两国学生需求的国际证书项目，为中国北京及英国牛津培养人才。英国国家创新创业教育中心（中国）在和中国教育部高职创盟、北京市教育委员会中英创盟（北京）多年合作基础上，搭建三方合作平台。此次合作主要达成了五方面内容：一是设立中英职业教育创新发展论坛，架设中英职业教育双向交流桥梁，建立职业教育国际交流平台；二是成立“中英城教融合创新研究院”，开展创新创业教育、城教融合等领域研究活动；三是成立“北京一牛津职业教育教师发展中心”，面向职业院校校长、管理人员、骨干教师开展培训，同时承担北京市教育委员会委派的赴英国师资培训任务；四是开展国际职业资格证书培训，将引进国际通用职业证书认证体系，面向中英学员提供国际职业能力等级或资格证书培训；五是开展学分互认和学生交流，将围绕国际视野、创新实践能力开展学生交流、学分互认及专升本对接等项目。

2. 参与“电商谷”项目建设，两所高职院校入选理事单位

“电商谷”项目是中国电子商务职业教育教学指导委员会（以下简称中国电商行指委）启动的电子商务教育国际合作平台，面向拟发展电子商务的国家和地区，提供以电子商务为代表的数字经济发展和人才培养整体解决方案。项目于 2017 年启动建设，计划三年内建成 10 个海外基地，协助合作国家和地区，尤其是“一带一路”沿线国家和地区开发电子商务教学标准和教学资源，支撑合作国家和地区将电子商务人才培养纳入其教育体系。在海外基地建设和全流程运行成功后，中国电商行指委选址北京，建设“电商谷”总部，统筹管理海外中心，开展海外教

师来华培训、国际学生实习、冬夏令营、交换学生、合作教研等多种形式的国际交流活动，以人文交流带动经贸合作。“电商谷”项目将建成以数字经济发展和人才培养展示与交流合作的国际窗口，以数字经济领域为核心的多语言学习平台。北京市教育委员会积极参与“电商谷”项目建设。目前，北京工业职业技术学院、北京财贸职业学院入选全国跨境电子商务综合试验区职业教育集团理事单位。

3. 积极有序对接国际组织，开展国际学历学位的评估认证

英国国家学历学位评估认证中心（简称 UK NARIC）是英国官方唯一指定的全球学历学位评估认证机构，也是全球首家在世界范围内开展针对国际教育体系和学历学位认证与评估工作的机构，目前 UK NARIC 已经发展成为全球最具权威的第三方认证机构。2020 年 5 月，北京财贸职业学院加入 UK NARIC，并成为 UK NARIC 高等职业教育领域国际专业标准认证评估计划试点院校；7 月学校启动会计、金融两个 UK NARIC 专业评估认证工作；10 月提交自评报告及佐证材料，进入专家评审阶段；11 月，学校成为英国国家学历学位评估认证中心中方理事会副理事长单位。

（三）合作办学

1. 不断扩展合作领域，适度扩大国家合作办学规模

2020 年正在执行的中外合作办学项目共 13 项，与 2019 年的 14 项

基本持平，其中已完成项目 4 项，新增项目 3 项。2020 年合作办学项目包括 8 所中方院校，涵盖 6 个国家、10 所外方院校，涉及 11 个合作专业，如表 5－1 所示。截至 2020 年底，合作办学在校生 1 300 余人，相比 2019 年增长约 30％，办学规模有所扩大。

表 5－1　2020 年北京市中外合作办学情况（高职）

序号	中方院校	合作国家	外方院校	合作专业	类别
1	北京青年政治学院泰尔弗商务分院	加拿大	博莱特学院泰尔弗商学院	国际商务、会计电算化、新闻采编与制作（数字传媒）、学前教育	机构
2	北京财贸职业学院	美国	纽约州立大学坎顿技术学院	会计	项目
3	北京财贸职业学院	新西兰	怀阿里奇理工学院	旅游管理	项目
4	北京财贸职业学院	英国	北安普顿大学	国际金融	项目
5	北京财贸职业学院	英国	北安普顿大学	会计	项目
6	北京农业职业学院	美国	卡比奥尼拉社区学院	旅游管理	项目
7	北京社会管理职业学院	日本	群马医疗福祉大学	中日护理	项目
8	北京社会管理职业学院	日本	群马医疗福祉大学	中日老年服务与管理	项目
9	北京信息职业技术学院	加拿大	瀑布应用艺术与技术学院	机电一体化技术	项目
10	北京政法职业学院	澳大利亚	新南威尔士州 TAFE 北悉尼学院	法律事务专业（国际商务法律方向）	项目
11	北京电子科技职业学院	美国	墨瑟郡社区学院	商务管理	新增项目
12	北京工业职业技术学院	日本	京都计算机学院	动漫设计与制作	新增项目
13	北京工业职业技术学院	日本	京都计算机学院	动漫制作技术	新增项目

数据来源：教育部中外合作办学监管工作信息平台（2020）。

2. 开启贯通培养新阶段，积极拓展海外留学新通道

自 2015 年北京市教育委员会启动《高端技术技能人才贯通培养试

验项目》以来，批准北京电子科技职业学院、北京工业职业技术学院、北京财贸职业学院3所高职院校先行先试，实施2年高中教育、3年高职教育、2年本科教育（含外培学生）的贯通培养模式。到2020年，外培学生开启第三阶段学习，赴国外高水平大学留学深造。其中，北京电子科技职业学院的德国项目、法国项目、加拿大项目和新西兰项目，共有160余名同学收到国外院校录取通知书，已有69名同学前往法国、德国和加拿大进行学习。目前，学校正积极与英国考文垂大学进行专业和课程对接，深化"贯通培养"英国项目汽车专业课程体系建设，并与考文垂大学成功签署学分互认协议。

北京工业职业技术学院已与美国的菲迪大学，英国的赫瑞瓦特大学、考文垂大学、哈德斯菲尔德大学、诺森比亚大学、南威尔士大学、密德萨斯大学、朴次茅斯大学，新西兰国立理工学院等院校签署了学分互认及课程对接协议。2019年完成雅思测试及国外院校选定工作，组织2015级贯通外培学生进行国外大学申请。自2020年1月起，组织未达到语言要求的学生报名参加了国外大学的线上语言课程。此外，北京财贸职业学院与英国的罗伯特高登大学、中央兰开夏大学、哈德斯菲尔德大学、北安普顿大学，澳大利亚的科廷大学、迪肯大学，芬兰的萨塔昆塔应用科学大学，美国的东北大学开展联合培养项目，目前已有79名外培学生开启留学历程。

3. 持续推动TAFE模式改革，不断深化中澳职教合作

根据《北京市教育委员会关于开展中澳职业教育合作TAFE教育模式改革的通知》要求，自2019年起，北京市将在部分中高职院校会计和学前教育专业开展TAFE教育模式改革试验，包括北京财贸职业

学院、北京青年政治学院、北京农业职业学院、北京经济管理职业学院等 4 所高职试点校。截止到 2020 年底，北京 TAFE 教育模式改革项目采用线上线下联动形式，举办各类主题培训活动 20 余期，35 名教师获得 TAE 培训与评估四级证书。与此同时，各试点高职院校引入澳大利亚 TAFE 职业教育标准体系和相关课程单元，深入开展 TAFE 模式教学改革，大力推进本土课程与国际标准接轨。

在中澳职业教育合作北京 TAFE 教育模式改革项目基础上，北京市教育委员会引入“ITAC 职业教育国际教师资格证书”。该证书是世界职业教育领域最具认可的职业资格证书，获得 ITAC 证书也是中澳合作办学中国师资讲授澳洲课程的必备条件之一。2020 年，北京市教育委员会连续举办两期“ITAC 职业教育国际教师资格证书培训”，分别是 ITAC 国际培训师（TVET Trainer）和 ITAC 国际评估师（TVET Assessor）。其中，36 名参训教师获得 ITAC 国际培训师资格证书，16 名参训教师获得 ITAC 国际评估师资格证书。

（四）留学北京

1. 优化来华留学政策，强化“留学北京”品牌建设

受疫情影响，截止到 2020 年 9 月，北京高职院校全日制国（境）外留学生人数（一年以上）有 579 人，比 2019 年的 684 人下降 15.4%。在外部条件不利情况下，北京市将留学工作重点从规模扩张转向质量提升。2020 年 2 月，北京市教育委员会、北京市人民政府外事办公室、

北京市公安局联合印发《北京地区高等学校招收和培养国际学生管理办法》，共分为 8 章 53 条，包括招生管理、教学管理、校内管理、签证及居留证件管理、监督管理、国际学生权利和义务等。明确提出了将国际学生教育纳入全校教育质量保障体系，加强中外学生趋同管理。另外，北京市教育委员会研究制定了《北京市高等教育来华留学质量发展指标体系》，进一步完善来华留学质量标准和管理服务，优化留学政策环境。

2. 克服新冠疫情影响，全力保障留学生的远程教学

2020 年，北京高职院校全面落实北京市疫情防控部署，有序推进留学生远程教学。北京信息职业技术学院制定了《留学生疫情期间教学安排》和《留学生远程学习指南》，明确疫情期间留学生线上学习时间和学习要求，并指导留学生注册和使用“北信在线”教学平台。北京工业职业技术学院利用线上平台开展教学活动，教师每天定时跟踪了解留学生的学习进度和学习状况，对学习困难学生给予帮助，尽最大努力确保线上授课教学质量。北京农业职业学院制定“留学生在线教学方案和教学计划”，以班级为单位设立邮箱，建立微信群，开展教师线上答疑，辅导员配合教师及时跟进等一系列措施确保留学生高质量完成线上学习。

（五）国际交流

1. 参与服贸会教育专题，两项海外办学项目亮相服贸会

2020 年，北京市教育委员会成功举办服贸会教育服务专题展和论

坛，共有国内外121家教育服务机构和企业参加线下线上展览，展示内容国际化率超60%。服贸会教育服务专题共有三大亮点，一是打造教育服务展示平台，充分展示国内教育扩大对外开放的发展成就，以及后疫情时代国际合作办学、互联网教育等教育服务新业态；二是搭建国际教育服务交流平台，充分发挥教育系统专家学者集中优势和论坛智库作用，探讨全球化背景下国际教育服务贸易发展趋势、后疫情时代教育模式及科技应用面临的新挑战；三是展示并营造更加良好的北京教育服务环境，围绕北京国际交往中心建设，吸引高端人才回国创业，提升来华留学教育的吸引力和影响力，扩大来华留学规模，推动国际人文交流，指导国内学子“平安留学”。

案例5-2 北京高职海外办学项目亮相服贸会

教育部原副部长鲁昕参观服贸会教育服务专题展馆

2020年9月8日下午，中国职业技术教育学会会长、教育部原副部长鲁昕参观了服贸会教育服务专题展馆。北京市委教育工委常务副书记郑吉春、北京市教育委员会一级巡视员黄侃、教育部高教司二级巡视员、综合处处长武世兴等教育部和北京市教育委员会有关负责同志陪同参观。参观过程中，鲁昕重点了解了北京信息职业技术学院和北京工业职业技术学院海外合作办学项目“埃中应用技术学院”和“中国-赞比亚职业技术学院”。其中，“中国-赞比亚职业技术学院”实行“政—行—企—校”协同海外办学模式，探索“1＋X”证书制度海外试点，主持开发的自动化与信息技术、珠宝设计与加工专业标准纳入赞比亚国民教育体系等成果，得到了鲁昕同志的高度认可。

2. 积极参与国际青年技能大赛，线上国赛取得优异成绩

2020年12月，以“搭建国际平台，赋能职教未来”为主题，第四届中英“一带一路”国际青年创新创业技能大赛线上国赛圆满闭幕。本次大赛由全国高等职业教育联盟、中国职业教育技术学会高等职业教育技术分会、英国国家创新创业中心NCEE（中国）共同举办。经层层选拔，来自全国各职业院校15支教师代表队、40支学生代表队参加全国决赛。北京代表队在本次线上国赛中发挥优秀，9所职业院校13支队伍通过市赛和国赛线上复活赛选拔进入国赛决赛。4支教师队伍参加了教师赛并全体获奖。其中，北京财贸职业学院荣获一等奖，北京电子科技职业学院荣获二等奖，首钢工学院、北京信息职业技术学院荣获三等奖。10支学生队伍荣获3项一等奖，4项二等奖，3项三等奖。

3. 依托“丝路一家亲”行动，与一带一路国家合作民生项目

2020 年，“丝路一家亲”行动聚焦人文交流和民生合作两大领域，为各国社会组织开展交流研讨、互访、民生公益项目等活动提供支持和帮助。该行动已列入第二届“一带一路”国际合作高峰论坛成果清单，目标是在未来两年推动“一带一路”沿线国家社会组织建立 500 对合作伙伴关系，在沿线发展中国家开展 200 项民生合作项目。关于北京高职院校的国际合作与影响，可参见表 5-2。

表 5-2　国际影响表

	指标	单位	2019 年	2020 年
1	国（境）外人员培训量	人日	182 986	165 954
2	在校生服务“走出去”企业国（境）外实习时间	人日	2 659	482
3	专任教师赴国（境）外指导和开展培训时间	人日	1 899	1 027
4	在国（境）外专业性组织担任职务的专任教师人数	人	28	18
5	开发并被国（境）外采用的专业教学标准数	个	18	10
6	开发并被国（境）外采用的课程标准数	个	208	171
	国（境）外技能大赛获奖数量	项	91	64
7	国（境）外办学点数量	个	7	5

案例 5-3　举办“丝路一家亲”农业技术线上培训，实现民生合作

2020 年 6 月 5 日，北京农业职业学院园艺系副教授王月英通过线上授课和在线答疑，向毛里求斯福尔肯公民联盟、缅甸蔬果协会、缅甸蘑菇协会等国外友好组织的近 100 名农业技术人员讲授“蔬菜设施和穴

盘育苗技术”。2020 年 7 月 16 日，刘继伟副教授以视频会议的方式为希腊、老挝、毛里求斯、缅甸、尼泊尔、斯里兰卡等六个国家的政府官员、相关领域从业及科研人员 80 余人讲授了“蘑菇种植技术”。通过线上培训和交流，不仅解决了海外参会人员在种植过程中遇到的实际问题，而且在促进和推动“一带一路”沿线国家民心相通，助力民生改善方面发挥了积极作用。

北京农业职业学院王月英线上授课和在线答疑

六、服务贡献

北京高职院校紧紧围绕国家发展战略和首都四个中心建设，拓宽服务领域，创新组织形式，形成了具有北京特色的职业教育社会服务体系，如乡村振兴学院、安全生产实训基地、智能服务平台、中小学生社会大课堂等。各高职院校积极开发服务项目，丰富服务内容，形成了一批服务品牌，如强军育才、科技特派员、红烛行动等，通过技术服务、社会培训、对口支援、协同发展等，不断提升服务层次、强化服务能力，为首都高精尖产业发展、城市建设运行及高品质民生提供高素质技术技能人才支撑，有力推动了产业转型升级和智慧城市建设，为首都经济社会高质量发展贡献力量。

（一）积极支援抗击疫情

1. 积极参与疫情防控，师生校友勇当最美逆行者

2020 年，新冠疫情突如其来，北京高职院校师生及校友面对责任，强化使命担当，积极投身全社会抗疫斗争，涌现出一批“最美逆行者”。在武汉、北京等地抗疫一线，他们利用自身专业知识积极开展疫情防控，用实际行动阐释了最美的青春风采。北京卫生职业学院师生同首都抗疫一线群众一道，安排部署外省来京货运司机核酸采样及检测，对采样和检测数据进行收集分析；开展国际航班归国人员转运及疫情流调溯源工作；开设核酸数据专班、医疗防控专班和医疗保障专班等大量具体工作。北大方正职业学院已毕业校友纷纷主动请缨出征武汉参加医疗救援，与北医三院医护专家一起组成应急医疗队驰援武汉，为北京和全国

的疫情防控工作做出了无私奉献。

2. 云签约云握手云培训，疫情面前携手共渡难关

北京高职院校面对疫情，在做好自身疫情防控、保证停课不停学、不停教的同时，走进基层社区、网络空间、困难群众身边，进行防疫讲座、线上教学、云上培训、志愿献血、组织居民体育锻炼等。不仅如此，还和湖北高职院校开展一帮一携手共渡难关活动，展现了危难时刻首都高职的使命和责任担当。北京财贸职业学院依托社区学院，针对秋冬季呼吸道传染病高发问题，举办《疫情防控常态化我该怎么做》讲座，请专业人士开设中医养生、康复知识和消防安全等专题讲座，深受社区居民尤其是老年人的欢迎。在疫情期间，为帮助社区防控工作，北京体育职业学院发挥专业力量，通过教师分享居家运动训练视频，带领社区居民进行体育锻炼，取得较好的社会效果。北京信息职业学院将面向全国职业院校教师“在线信息化教学培训”的第一场培训放在湖北职业院校教师培训基地举行，用实际行动支持湖北抗疫。有 11 门信息化教学精品课点击量破万，来自湖南、湖北、新疆、广西等 22 个省市自治区的 42 606 名教师报名参加学习，其中 29 052 名教师通过考试并取得结业证书。

案例 6-1　“一帮一”牵手湖北高职院校，共同抗疫渡难关

北京工业职业技术学院作为教育部全国高校与湖北高校毕业生就业创业工作“一帮一”行动入选学校，对口支援湖北交通职业技术学院。特殊时期两校间采用多种形式，为双方协力促进毕业生就业创业工作按

下“启动键”。根据帮扶协议，两校将共筑制度建设、共享就业信息、共创指导服务、共建就业队伍、共促创新创业、共推全面进步，并以此为起点，在就业创业、学科建设、人才培养、科学研究等各领域全方位建立长期帮扶关系，在双方共同努力下，湖北交通职业技术学院就业率在湖北省名列前茅，得到当地政府高度肯定。

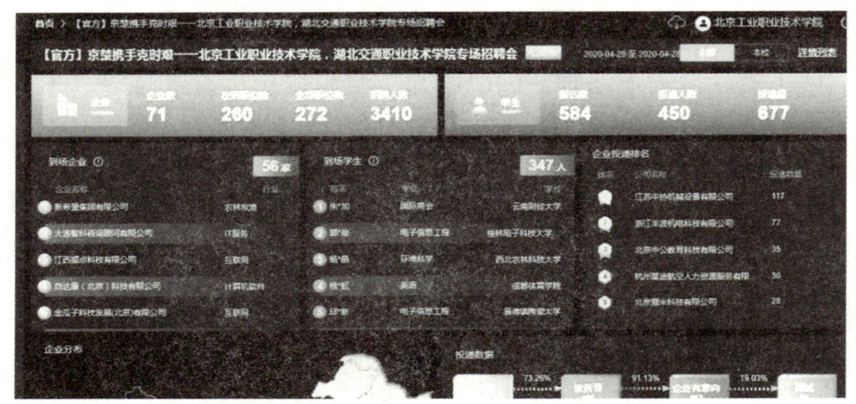

两校联合筹办“京楚携手克时艰”网络招聘会

（二）服务四个中心建设

1. 依托爱国主义教育基地，全力服务首善之区建设

围绕首都四个中心建设，北京高职以爱国主义基地、永定河文化研究院等为抓手，开展培育家风、传承优秀文化等活动，将立德树人根本任务融入劳动教育、文化传承、技能培养、拓展训练等，激发师生投身祖国发展的使命感、荣誉感，建设首善之区。北京青年政治学院依托“燧石工程”爱国主义教育基地，开展“讲家训、传美德、树家风”宣

讲教育活动，通过好家教推选、新家风建立、新家训征集等主题教育活动，让每个家庭成为中华齐家美德的践行者和推动者。北京经济管理职业学院成立永定河文化研究院，依托永定河历史文化资源，致力打造具有北京特色、全国影响的劳动教育实训场所，成为推动“一城三带”建设的综合性研究平台、智慧平台。

2. 依托智库服务平台，有效助力首都智慧城市建设

各高职院校基于智库服务、乡村振兴学院等平台，利用校企共建科研中心、电气安全研究所等机构推动教育科研培训服务优化升级，通过开展咨询服务、技术服务、社会培训、职业鉴定、标准开发等，推动经济社会转型升级，助力首都智慧城市建设和高精尖产业发展。2020 年，北京高职院校技术服务到款额达到 4 521.63 万元，比 2019 年增长 29.4%。

北京财贸职业学院举办“第十五届京商论坛暨第七届北京国际商贸中心研究基地学术论坛”，聚焦“新消费、新业态”，在社会上引起强烈反响，《北京日报》等 20 余家媒体对会议进行了专题报道。北京工业职业技术学院立足自身专业优势，成立电气安全技术研究所，为阳泉煤业（集团）有限责任公司开发“电缆沟高压电缆自动灭火系统研究与应用”项目，通过了中国煤炭工业协会的科技成果鉴定，在阳煤集团五矿公司的 35KV 和 6KV 降压站得到应用。北京交通职业学院与云星宇公司共同设计道路机电创新中心项目，聘请企业技术专家担任兼职教师，参与企业新产品开发，为企业开展员工岗位测评、新入职员工岗位培训、职业水平考试、技术等级测评等服务。首钢工学院按照“服务首钢、面向高端、能力为本、辐射全员”的新定位，全力服务首钢集团发展战略和人力资源规划，开展以项目为载体的首钢集团职工培训，助力首钢集团

由钢铁产业向钢铁和城市综合服务商两大主导产业并重与协同发展，实现培训与岗位业务能力提升与员工素质提升的有序对接。

案例 6-2　开展智库服务平台建设，提高财经商贸技术服务含金量

北京财贸职业学院大力开展“中国服务”智库服务平台建设，聘请 50 位行业一流专家成立“中国服务”智库专家库，集聚行业智慧和力量，开拓中国服务的研究领域，形成一批有价值的创新服务成果，提高财经商贸技术服务含金量。北京社科基金项目《成果要报》2020 年第 42 期编发了学校王成荣教授的研究成果《“十四五”期间推进社区服务智慧化发展的建议》，该研究成果得到北京市有关领导同志批示。赖阳研究员受邀参加中共北京市委督查室运河商务区进行实地督查调研，其《运河商务区建设有关意见建议》刊载在《督查专报》第 90 期，市委领导作出批示，为推动民生商业发展、创新中国社区商业服务做出积极贡献，荣获“中国社区商业十年特殊贡献奖”。

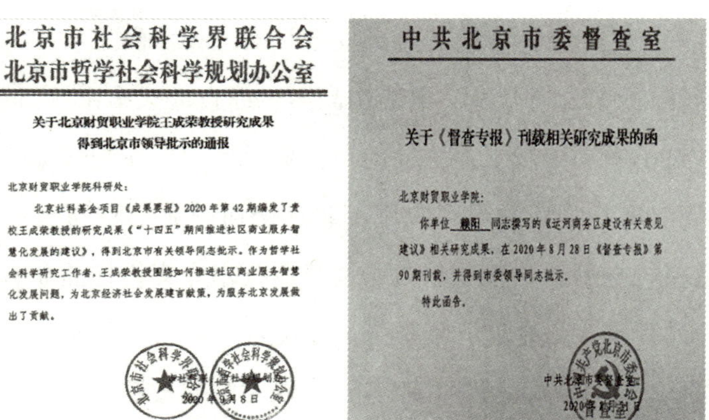

北京市社会科学界联合会
北京市哲学社会科学规划办公室

关于北京财贸职业学院王成荣教授研究成果得到北京市领导批示的通报

北京财贸职业学院科研处：

北京社科基金项目《成果要报》2020 年第 42 期编发了贵校王成荣教授的研究成果《“十四五”期间推进社区商业服务智慧化发展的建议》，得到北京市有关领导同志批示。作为哲学社会科学研究工作者，王成荣教授围绕如何推进社区商业服务智慧化发展问题，为北京经济社会发展建言献策，为服务北京发展做出了贡献。

2020 年 9 月 8 日

中共北京市委督查室

关于《督查专报》刊载相关研究成果的函

北京财贸职业学院：

你单位 赖阳 同志撰写的《运河商务区建设有关意见建议》相关研究成果，在 2020 年 8 月 28 日《督查专报》第 90 期刊载，并得到市委领导同志批示。

特此函告。

中共北京市委督查室

智库服务研究成果获市领导批示

案例 6-3 打造企业“工匠摇篮”，服务行业企业发展

北京电子科技职业学院依托北京奔驰汽车制造工程师学院，与北京奔驰签订委托培训服务协议，面向企业员工开设汽车装调工等 7 个工种、5 个级别的职业技能培训和鉴定工作，近 5 年来累计培训 6 000 余人，其中 20 余人取得高级技师职业资格证书，350 余人取得技师职业资格证书。在新冠疫情防控期间，针对公司员工培训工作仍未停止，学校在网络学习通平台建设了 24 门在线学习课程。结合人才培养需要，北京奔驰累计为工程师学院建设投入了 8 台在产的奔驰轿车、20 台发动机及部分装备。校企先后共建奔驰整车检测、工业机器人技术等十几个产业特征显著的实训室，提升实训项目针对性和技术技能水平。校企团队共同开发制定首个冲压模具结构设计规范和模具标准验收指导书，有效提高模具验收效率和质量。获批北京市职业院校“双师”教师培训基地，可面向北京职业院校教师开展“双师”教师培训，获批北京市高

强化育训功能，打造企业“工匠摇篮”

精尖产业技能提升培训项目资质，可面向企业开展工业机器人技术高端技术培训；获国家工信部考试中心批准“工业机器人技术培训基地”，有资质颁发工业机器人技术职业技术证书。

（三）携手助力脱贫攻坚

1. 积极组建区域性职教集团，服务京津冀协同发展

北京高职院校利用自身优势，充分发挥示范引领作用，积极服务京津冀协同发展、乡村振兴、脱贫攻坚、城乡一体化发展等国家战略；通过区域性职教集团、企业专题培训等措施，积极投身京津冀协同发展、对口支援边远地区脱贫攻坚等行动，携手边远地区共同实现全面小康。北京交通职业学院通过组建“京津冀沪宁晋川”区域性交通特色职业教育集团联盟，搭建“线上＋线下”相结合的“互联网＋”联动育人平台，带动区域院校师生的积极参与，打造交通职业教育生力军，为京津冀协调发展战略、中西部扶贫攻坚计划等提供强有力的技术技能人才保障。北京经济管理职业学院举办京津冀协同发展专题培训班，来自三地 65 名国有一级企业的负责同志聚焦宏观经济形势分析、中美贸易摩擦影响、城市转型、产业发展规划、国企混改、投资并购、风险管控等深层次问题，集中研讨、共同进步，有力推动了企业京津冀一体化协同发展。

2. 有序开展对口支援，助力贫困地区全面实现小康

北京各高职院校创新服务形式，以师资培训、干部交流、共建课程、技术支持等多种形式，有序开展对口支援新疆、青海、西藏、内蒙古、云南等地发展。通过建设乡村振兴学院等机构组织，对接种植大户和中小微企业，示范引领推动城乡一体化和企业技术升级，促进乡村振兴和产业转型；通过高职扩招、开设春蕾班、红烛行动等帮扶困难群体，助力脱贫攻坚。

北京农业职业学院通过教授回乡、博士回村、游子归巢，引领村民共建中国柿都生态康养小镇，在自家宅基地上建设精品民宿——博士小院。组织专家教授，指导村民做健康农业，举办乡村产业振兴培训班和各种沙龙活动，助力乡村产业、人才、文化、生态和组织振兴，为北京市美丽乡村建设奠定坚实基础。先后有 1 000 余名来自全国各地的农民学员到这里参观学习，博士小院被房山区评为精品民宿，被多家媒体报道。北京信息职业学院应新疆石河子工程职业技术学校要求，向该院提供《中国传统文化》《高等数学》等 6 门课程远程教学援助，参加远程学习学生 4 890 余人次，有力支持了边疆地区职业教育发展。北京交通运输职业学院助力滇西脱贫事迹登上中国教育电视台《开学啦！2020 年“战疫复课”直播特别节目》，回顾了学院多年来对滇西地区的智力帮扶历程。北京经济技术职业学院积极开展了帮扶特殊群体、弱势群体儿童的“红烛行动”和关注老年教育的“乐龄 1＋X”教育公益活动，取得良好社会反响。北京培黎职业学院资助贫困女学生举办春蕾班，不仅提供物资资助，还从思想上、学习上、生活上对学生进行授之以渔的扶持，通过帮助学生掌握技能本领，实现贫困家庭真正脱贫，目前在培

黎职院就读的第 6 届春蕾班女学生共有 101 名，分布于 24 个专业就读。

案例 6－4 乡村振兴学院挂牌，提升服务乡村能力

2020 年，北京首家乡村振兴学院——北京乡村振兴学院在北京农业职业学院挂牌成立。学院统筹利用各类培训场地、培训项目和培训经费，优化各级涉农教育和培训资源配置，增强服务“三农”能力和水平，为北京市美丽乡村建设奠定坚实基础，助力乡村产业、人才、文化、生态和组织振兴，有效提升服务乡村能力。一年来，学院充分发挥功能多元优势，开展“引智帮扶”，落实各级各类科技帮扶项目 25 项，对接帮扶贾峪口等低收入村 20 余个，培训低收入户 400 余人次，创造低收入就业岗位 100 余个，带动增收 70 余万元。

北京乡村振兴学院揭牌仪式

案例 6－5 千里援青种春风，援青干部教育帮扶结硕果

为全面贯彻落实习近平总书记关于西藏工作重要讲话精神和新时代党中央治藏方略，北京工业职业技术学院党政办主任刘建新积极响应号召，主动报名参加北京对口援青工作，负责带领北京援青教育团队开展对玉树州的教育帮扶工作，任玉树州教育局副局长，协助局长分管全州职业教育与学前教育工作，并在州职校主持学校行政全面工作。作为玉树州职业技术学校校长，结合玉树州的经济社会发展实际，提出“围绕服务民生领域办专业、围绕信息技术革命办专业、围绕高原生态保护与旅游开发办专业、围绕康巴藏族文化特色办专业”的专业建设思路，为学校后续发展找准方向，激发活力。

（四）维护首都安全稳定

1．拓展生产实训基地功能，支撑首都应急管理体系

北京高职院校不断拓展办学功能定位，服务首都安全生产，通过与应急管理局等部门合作，建设安全生产实训基地、开发安全技术等助力北京市应急管理能力提升，通过开设信息安全专业、开展应急管理人才培训、安全执法人员培训等为社会安全提供人才支撑，为首都发展创造了良好的安全稳定环境。

北京电子科技职业学院与北京经济技术开发区城市运行局合作，承

担面向开发区企业安全生产培训工作，每年为开发区企业举办涵盖企业负责人（法人）、安全生产管理人员、注册安全工程师、危化品库房管理人员以及有限空间作业人员等提供培训。首钢工学院将法治宣传与安全生产实训场景相结合，承办国家应急管理体系和能力现代化建设研究高级研修班，为全国 7 省市政府部门、高校、企业的 31 家单位应急管理领域的 50 名学员进行了全方位培训。同时，为北京市应急管理局进行安全生产执法队队长培训、安全生产检查（督查检查）队队长培训、安全生产执法监察人员培训、专职安全员轮训等共计 6 113 人培训工作。北京经济管理职业学院举办“新时代 · 新起点 · 新担当——中俄应急管理论坛”，两国专家相互交流两国应急救援的经验与做法，《北京日报》《中国应急管理报》、北京电视台等媒体进行了报道，扩大了中国职业教育的国际影响力。

2. 创建矩阵化服务项目，助力首都社会法制化建设

北京高职院校依托自身专业和技术优势，通过建立矩阵化服务项目和常态化、智能化、互动化的法治宣传活动，了解群众诉求、化解社会矛盾，不断强化北京市社会公共突发事件应对与处置能力，促进了地区和谐与稳定，为首都社会提供法制保障。北京政法职业学院通过建立矩阵化服务项目，有针对性解决、训练基层工作人员对公共突发事件的认知和应对、公共突发事件的判断，以案例分析与模拟演练等形式，实现实践操作训练、基层专项人才培养和提升训练，为基层政府提供业务专项指导服务。首钢工学院与北京市应急管理局联合打造的北京市安全生产实训基地，充分发挥基地的社会宣传教育功能，搭建推进法治文化建设的坚实载体，开展了一系列常态化、智能化、互动化的法治宣传活

动，获得了企业、群众的认可，评为北京市“法治宣传教育示范基地”。

3. 实施“强军育才”项目，深入服务军民融合战略

北京高职院校充分利用自身技术技能培训优势，在海军士官班等为国防建设培养后备人才项目的基础上，通过送政策、送培训进军营等形式服务军民融合战略。北京工业职业技术学院在海军士官班的基础上，多年来坚持“强军育才”原则，通过“送政策送培训进军营”等项目，深入驻区营地进行教学活动，为驻京部队的现役士兵退役前技能储备进行培训，2019—2020 年培训量达 1 800 人天，受到了受训部队的高度欢迎，成为学校社会服务、军地融合的一个名片。

（五）满足高品质民生需求

1. 建设学习型社区，积极服务居民高品质生活

为满足首都高品质民生需求，北京高职院校通过建立社区学院开展终身学习与养老服务、培育托幼人才等项目保障居民基本生活需求，通过推动全民健身、服务重大赛事、践行垃圾分类等措施提升群众身体健康水平。2020 年，在积极抗击疫情的同时，北京高职院校开展基层社会服务人员培训达 74 295 人日，比 2019 年增长 36.5%。北京财贸职业学院携手属地社区，成立社区学院，充分利用学校的教育资源，服务居民终生学习，创新升级服务社会，满足群众日益增长的精神文化需求，

满足百姓对继续教育和终身学习的渴望，进一步提升百姓的生活品质，增强群众获得感和幸福指数。北京信息职业学院认真承担高校文化传承责任，积极参与社区、街道文化建设，主动为周边社区开展线上培训，通过公众号推送《常见病康复知识》《手机摄影技巧》和《手机视频剪辑技巧》等课程，累计开办社区培训课程 19 期，普及健康常识和手机实用技巧，丰富了疫情期间居民文化生活，获得社区居民广泛好评。

2. 开办少儿戏剧场，多样化传承非遗传统文化

北京高职院校充分利用自身文化优势积极参与首都文化中心建设，广大师生深入学校、社区和乡村，通过培育文化基地、开展公益文化演出、建设中小学生社会大课堂、传承非遗传统文化等方式丰富首都人民文化生活。北京青年政治学院与乡村携手共建，依托专业优势，承接大地村的村史馆改造设计工作，完成大地村 LOGO 设计及村史馆改造设计方案，助力提升乡村文化建设水平，受到村两委高度评价和认可。北京戏曲艺术职业学院以服务北京中心城市建设、服务青少年美育工作、服务戏曲人才培养为宗旨，开办北戏少儿戏剧场，通过民族艺术进校园、周末场、星火工程、百姓周末大舞台等深入各区学校、乡镇等基层单位，开展公益性文艺演出 70 场，观众人数达 21 000 多人。

北京高职院校的科研与社会服务情况可参见表 6 - 1。

表 6 - 1　科研与社会服务表①

序号	指标	单位	2019 年	2020 年
1	技术服务到款额	万元	3 493.71	4 521.63
	技术服务产生的经济效益	万元	8 436.86	8 945.82

① 共有 10 所高职院校非学历培训到款额数值缺失。

续表

<table>
<tr><th>序号</th><th colspan="2">指标</th><th>单位</th><th>2019 年</th><th>2020 年</th></tr>
<tr><td>2</td><td colspan="2">纵向科研经费到款额</td><td>万元</td><td>3 242.91</td><td>3 864.46</td></tr>
<tr><td>3</td><td colspan="2">技术交易到款额</td><td>万元</td><td>598.58</td><td>629.35</td></tr>
<tr><td rowspan="6">4</td><td colspan="2">非学历培训服务</td><td>人日</td><td>977 416</td><td>876 052</td></tr>
<tr><td rowspan="4">其中</td><td>技术技能培训服务</td><td>人日</td><td>700 396</td><td>633 411</td></tr>
<tr><td>新型职业农民培训服务</td><td>人日</td><td>22 312</td><td>21 338</td></tr>
<tr><td>退役军人培训服务</td><td>人日</td><td>5 479</td><td>3 064</td></tr>
<tr><td>基层社会服务人员培训服务</td><td>人日</td><td>54 424</td><td>74 295</td></tr>
<tr><td colspan="2">非学历培训到款额</td><td>万元</td><td>53 705.57</td><td>8 403.16</td></tr>
</table>

七、问题与对策

北京高职院校将继续坚持以习近平新时代中国特色社会主义思想为指导，深入贯彻国务院《国家职业教育改革实施方案》、教育部等部门《职业教育提质培优行动计划（2020—2023 年）》，落实《北京市“十四五”时期教育改革和发展规划（2021—2025 年）》《关于深化职业教育改革的若干意见》等文件要求，提质培优，增值赋能，激发职业院校办学活力，聚焦高职教育如何适应首都经济社会发展能力、如何形成全方位多角度评价体系以及构建完善的现代职教体系等重点难点问题，深化体制机制改革，实现首都职业教育“高质量、有特色、国际化”发展。

（一）面临问题

1. 高职教育服务首都新发展格局的能力尚需提升

受传统价值取向、社会观念、市场薪酬等因素的影响，首都职业教育的社会吸引力仍显不足，虽然近年来本地生源数量有小幅提升，但后续几年依然处于低谷期，北京高职教育专业布局和内涵建设需要进一步优化，高职院校开展技能培训的政策支持需要加大力度，以更有效匹配首都城市运行、交通运输、养老服务、家政服务、学前教育、护理、信息技术等领域对高素质技术技能人才的迫切需求，更精准对接首都“四个中心”建设和打造全球数字经济标杆城市战略目标对高水平技术技能人才的市场需求，增强高职教育在首都新发展格局中的适应性。

2. 高职教育全方位多角度综合评价体系尚需完善

教育评价事关教育发展方向，有什么样的评价指挥棒，就有什么样的办学导向。2020 年 10 月中共中央国务院印发《深化新时代教育评价改革总体方案》就是为了克服唯分数、唯升学、唯文凭、唯论文、唯帽子的顽瘴痼疾，加快推进教育现代化。北京高职教育评价体系建设还存在短板，立德树人成效等评价标准还需加强，重智育轻德育、重分数轻素质等片面办学行为在一些院校办学中还有所表现，尚未形成全方位、多角度的评价体系，破五唯方面还要加大力度。

3. 体现北京特色现代职业教育体系构建尚需加强

近年来北京市深入开展高端技术技能人才贯通培养试验，在实施素质教育，畅通人才培养通道方面进行了积极探索，逐步形成了高素质技术技能型人才的特色培养路径。但按照新阶段首都经济社会发展对高水平技术技能人才的市场需求，职教领域的人才成长通道需要进一步拓宽，职业教育本科尚需在政策上进一步松绑，探索先试先行职教本科，推动实施职业本科专业试点。同时，在中高职衔接、高本衔接、专升本比例等政策举措方面仍有进一步优化和拓展的空间。

（二）应对策略

1. 加快提升紧缺技术技能人才供给能力

面向“十四五”开局，立足首都新发展阶段、服务首都新发展格局，贯彻技能中国等职教新发展理念，进一步深化城产教融合、强化高质量发展，推动职成教资源供给侧结构性改革，全面优化院校和专业布局，继续根据区域产业布局和社会发展对高素质技术技能人才的需求，加快提升紧缺技术技能人才供给能力，优化和调整专业设置，提升专业的契合度，突出区域职业教育的办学特色和专业特色。探索职教联盟新模式，促进京津冀职业教育协同发展，在城市运行、交通运输、养老服务、家政服务、学前教育、护理、信息技术等首都发展和民生领域急需的人力资源紧缺专业，采用定向招生、联合培养等多种方式面向京外省份适当增加招生计划。发挥职业院校优势，加大在职员工和转岗就业人员技术技能培训力度，推动在职职工技术技能持续提升，形成技术技能人才培养培训的良好生态。

2. 加快构建以学生发展为中心评价体系

贯彻落实中共中央国务院《深化新时代教育评价改革总体方案》，完善立德树人体制机制，树立科学的教育发展观和人才成长观，扭转不科学的教育评价导向，提高教育治理能力和水平。坚持把立德树人成效作为根本标准，重点评价高职院校德技并修、产教融合、校企合作、育训结合、学生获取职业资格或职业技能等级证书、毕业生就业质量、“双师型”教师队伍建设等情况，把职业教育评价改革细化到课程和专业、细化到学期和学年、细化到管理和服务，扩大行业企业参与评价，努力研制行之有效的职业教育评价北京方案、北京经验，培养德智体美劳全面发展的社会主义建设者和接班人。

3. 多层次多渠道完善现代职教体系构建

构建体现北京特色的现代职业教育体系，是促进职业教育服务转方式、调结构、促改革、保就业、惠民生的重要举措，对于加强社会建设和文化建设，满足人民群众生产生活多样化的需求，实现中华民族伟大复兴的中国梦都具有重要意义。随着首都经济社会的发展，现代职业教育体系越来越成为城市竞争力的重要支撑。北京市需适当提升高职院校专升本比例，扩大本科职业教育人才数量，深化“文化素质＋职业技能”考试招生改革。按照国务院、教育部要求，在入选国家“双高”的高职院校中开展本科层次职业教育试点，积极探索职业教育本科人才培养。

图书在版编目（CIP）数据

北京市高等职业教育质量年度报告. 2020 年 / 北京市高等职业教育质量年度报告编委会编著. --北京：中国人民大学出版社，2021.5
ISBN 978-7-300-29422-3

Ⅰ.①北… Ⅱ.①北… Ⅲ.①高等职业教育-教育质量-研究报告-北京-2020 Ⅳ.①G718.5

中国版本图书馆 CIP 数据核字（2021）第 097737 号

北京市高等职业教育质量年度报告（2020 年）
北京市高等职业教育质量年度报告编委会　编著
Beijingshi Gaodeng Zhiye Jiaoyu Zhiliang Niandu Baogao

出版发行	中国人民大学出版社		
社　　址	北京中关村大街 31 号	**邮政编码**	100080
电　　话	010－62511242（总编室）		010－62511770（质管部）
	010－82501766（邮购部）		010－62514148（门市部）
	010－62515195（发行公司）		010－62515275（盗版举报）
网　　址	http://www.crup.com.cn		
经　　销	新华书店		
印　　刷	北京玺诚印务有限公司		
规　　格	170 mm×240 mm　16 开本	**版　　次**	2021 年 5 月第 1 版
印　　张	9	**印　　次**	2021 年 5 月第 1 次印刷
字　　数	105 000	**定　　价**	38.00 元